전래동화 북아트 만들기

만들며 배우는 속담과 사자성어

프롤로그

옛날부터 사람의 입에서 입으로 전해오던 전래동화에는 조상들의 지혜와 삶의 교훈이 담겨 있습니다. 특히, "착한 것을 권하고(권선), 악한 것은 징벌(징악)한다."는 권선징악(勸善懲惡)적인 내용이 주로 담겨 있습니다.

《전래동화 북아트 만들기》는 엄마, 아빠와 함께 전래동화를 읽고 독후 활동의 결과물로 북아트의 다양한 기법을 따라해 볼 수 있도록 구성하였습니다. 책에서 소개하는 북아트 책은 기본적인 접기 방법만 알면, 책에서 보여 주는 기본 구조 외에 만든 이에 따라 여러 형태로 응용할 수 있습니다.

이 책의 1부에서는 북아트 활동을 위한 준비물과 기본 구조를 소개하였고, 2부에서는 엄마, 아빠와 전래동화를 통해 배울 수 있는 속담과 교훈을 이야기해 보고, 일상에서 겪었던 경험을 적용해 볼 수 있는 내용을 북아트에 담아 완성하도록 구성하였습니다. 전래동화를 읽고 주제와 관련된 〈속담〉, 〈사자성어〉, 〈생각 나누기〉, 〈북아트 접기〉, 〈활동 내용〉 과정을 거치면서 자연스럽게 북아트에 담을 감상 내용과 독후 활동 결과물을 완성할 수 있습니다.

3부에서는 2부의 팝업북을 만들 때 필요한 도안과 함께, 나만의 개성 있는 책을 만들 수 있는 〈북아트 응용 및 도안〉을 넣어 누구나 쉽게 여러 가지의 모양으로 응용할 수 있도록 기획하였습니다.

책에 있는 내용과 샘플들은 실제 초등학교에 재학 중인 아이와 전래동화 감상활동을 하며 만든 독후활동 결과물들입니다. 아이들은 읽고, 생각하고, 쓰는 과정을 통해 책에서 전하고자하는 주제를 나름의 방법으로 이해합니다. 또한 책을 만드는 과정에서 떠오르는 창의적인 아이디어를 즉각적으로 책 만들기에 반영합니다. 때문에 책을 만들 때마다 해석의 방향과 표현의 형태가 조금씩 달라지는 재미가 있습니다. 세상에 하나뿐인 나만의 책이 되는 것입니다.

색지를 접고 오리고 붙이면서 책을 완성하는 과정은 아이들의 창의력과 상상력 향상에 도움을 줍니다. 또한 종이 외에 다른 새료들을 붙이고 글을 채워나가는 과정에서 통합적이 사고를 할 수 있습니다. 완성된 책을 보면 뿌듯하고 자신감이 생기기도 합니다. 읽고, 생각하고, 쓰고, 만드는 전래동화 북아트를 통해 책에 담긴 내용을 깊이있게 이해하는 시간을 갖을 수 있습니다. 온 가족이 함께 만드는 세상에 하나밖에 없는 나만의 전래동화 북아트를 만들어 보는 의미 있는 시간을 가져보시길 바랍니다.

이제, 동화 속 내용을 감상하며 세상에 하나뿐인 나만의 책을 만들기 위한 여행을 출발해 볼까요?

목차

프롤로그 ··· 02

1부
북아트 수업 준비

01 ··· 북아트란? ··· 07
02 ··· 북아트 만들기 준비물 ··· 07
03 ··· 북아트의 기본 구조 ··· 10
04 ··· 종이의 절수와 규격 ··· 11

2부
독후 활동 북아트 - 전래동화

01 ··· 해님 달님 (프렌치 도어 책) ··· 14
02 ··· 은혜 갚은 호랑이 (호랑이 입체 책) ··· 20
03 ··· 은혜 갚은 까치 (8면 창문 병풍 책) ··· 26
04 ··· 호랑이와 곶감 (스탠드 책 1) ··· 32
05 ··· 팥죽할머니와 호랑이 (깃발 책) ··· 38
06 ··· 독장수와 호랑이 (플랩 책) ··· 44
07 ··· 토끼와 호랑이 (입체 책) ··· 50
08 ··· 의 좋은 형제 (눈코입 하트 입체 책) ··· 56
09 ··· 별주부전 (매직 책) ··· 62
10 ··· 요술 항아리 (스탠드 책 2) ··· 68

11 … 삼년고개 (계단 입체 책) … 74
12 … 도깨비와 개암 (터널 책) … 80
13 … 콩쥐 팥쥐 (논방식 책) … 86
14 … 누렁소와 검정소 (V 폴드 책) … 92
15 … 토끼와 거북이 (휴지심 책) … 98

3부
북아트 응용 및 도안

01 도형 모양 책 만들기

01 … 직사각형 책 … 106
02 … 정육면체 책 … 108
03 … 정사각형 책 … 110
04 … 삼각형 책 … 112
05 … 원형 책 … 114

02 병풍 책 만들기

01 … 주머니 폴드 책 … 116
02 … 아코디언 끼우기 책 … 118
03 … 위인 병풍 책 … 121

03 도안

《해님 달님》 지붕 도안 … 124
《호랑이와 곶감》 외양간 도안 … 125
《요술 항아리》 항아리 도안 … 126
《은혜 갚은 호랑이》 호랑이 도안 … 127

1

북아트 수업 준비하기

1. 북아트란?

'북아트'라는 용어는 1973년 뉴욕 근대미술관의 사서였던 클라이브 필폿이 《스튜디오 인터내셔날》 7, 8월호의 칼럼에서 처음으로 사용했습니다. 북아트는 '작가의 독창적인 예술작업으로 책을 만든다'는 의미입니다.

현재는 예술 분야를 벗어나 북 디자인, 카타로그, 생일 카드, 수업 교구 등 다양한 분야에서 응용되고 있습니다. 북아트의 다양한 구조와 기법을 이용하면 우리가 기존에 알고 있던 직사각형 형태의 책이 아닌 만드는 이의 개성이 반영된, 형식에 있어서 자유로운 책을 만들 수 있습니다.

2. 북아트 만들기 준비물

종이, 연필, 지우개, 양면테이프, 딱풀, 가위, 칼, 도트봉, 커팅 매트, 자, 폴더

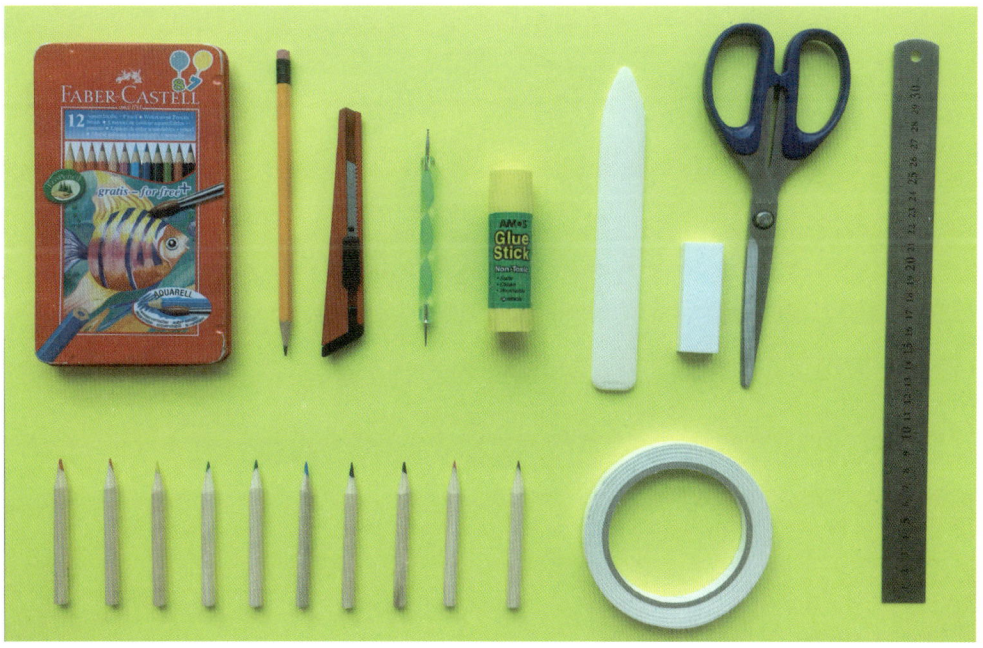

2. 북아트 만들기 준비물

종이

종이의 무게는 g/㎡ 단위를 사용합니다. 가로 1m×세로 1m의 무게를 말합니다. 두께는 μm(마이크론)을 사용합니다. 1μm은 1/1000mm입니다. 우리가 사용할 종이는 4절 크기(540mm×390mm)와 A4 크기(210mm×297mm)의 매직터치 180g/㎡ 종이로 두께감이 있는 종이입니다. 두께는 대략 260마이크론 정도입니다.

연필과 지우개

밑그림을 그릴 시, 종이에 접을 부분과 자르고 오려낼 부분을 표시할 때 사용합니다. 세상에 하나밖에 없는 나만의 책에 내용을 채워 넣을 때도 필요합니다. 지우개도 함께 준비해 주세요.

양면테이프

두께감이 있는 종이를 사용하기 때문에 종이를 맞붙일 때, 양면테이프를 사용합니다. 책의 형태를 만들 때에는 딱풀보다는 접착력이 더 강한 양면테이프를 사용하는 것이 좋습니다.

딱풀

책의 표지와 내지를 꾸밀 종이를 붙일 때 사용합니다. 책 앞 표지에 제목을, 뒷 표지에 가격과 바코드를, 책 내지에는 강조하고 싶은 부분을 다른 색의 종이를 선택해 딱풀로 붙이면 나만의 개성이 담긴 책이 만들어집니다.

가위

종이를 자를 때 사용합니다. 작업 중 아이가 다치지 않도록 끝이 둥근 안전가위를 사용하는 것이 좋습니다.

칼 — 입체 효과를 주기 위해, 종이면을 자르고 오려낼 때 사용합니다. 칼 사용은 위험하기 때문에 부모님만 사용해 주세요.

도트봉 — 두꺼운 종이를 접기 쉽도록 칼선을 넣을 때 사용합니다.

커팅 매트 — 종이를 절단할 때 책상에 칼 자국이 나지 않게 하기 위해 사용합니다.

자 — 책의 형태가 반듯하게 나오도록 접고 오릴 부분의 길이를 정확히 재기 위해 사용합니다.

폴더 — 두꺼운 종이를 접거나, 각을 잡을 때 사용합니다.

3. 북아트의 기본 구조

책은 외형에 따라 **코덱스 책, 폴드 책, 팬 책, 블라인드 책** 등으로 부르고 있습니다.

코덱스 책은 책 표지에 보드지를 넣어 딱딱하고 튼튼한 느낌을 주는 책으로 하드커버 책, 양장본이라고도 부릅니다. 양쪽 방향으로 열리는 프렌치 도어 스타일로도 응용이 가능합니다.

폴드 책은 지그재그로 접힌 상태에서 한 장씩 넘겨 읽을 수 있고, 병풍처럼 펼쳐서 내용이 한눈에 들어오도록 전시할 수도 있습니다. 병풍 책이라고도 부르고, 모양이 아코디언처럼 생겼다고 하여 아코디언 책이라고도 부릅니다. 지그재그 접힌 부분을 컷팅하여 여러 가지의 형태로 응용이 가능합니다.

팬 책은 부채 모양의 책입니다. 종이를 아코디언처럼 주름지게 접거나, 기다란 낱장 종이 여러 장을 한쪽 방향에서 묶는 방식이 있습니다. 낱장 종이를 추가하는 방식으로 페이지를 늘려갈 수 있는 장점이 있습니다.

블라인드 책은 창에 달아 볕을 가리는 블라인드 모양의 책입니다. 팬 책처럼 기다란 낱장의 종이를 연결하는 방식인데, 한쪽 방향이 아닌 좌우 양쪽 방향으로 묶어 연결하여 블라인드처럼 만드는 방식입니다.

4. 종이의 절수와 규격

'출판 인쇄용' 종이의 치수는 4·6판계열과 국판계열로 분리해서 사용하고 있습니다.

용지 명칭	4·6판계열 치수(mm)	국판계열 치수(mm)
전지	788 x 1090	636 x 939
2절	545 x 788	468 x 636
4절	394 x 545	318 x 468
8절	272 x 394	234 x 318
16절	197 x 272	159 x 234
32절	136 x 197	117 x 159

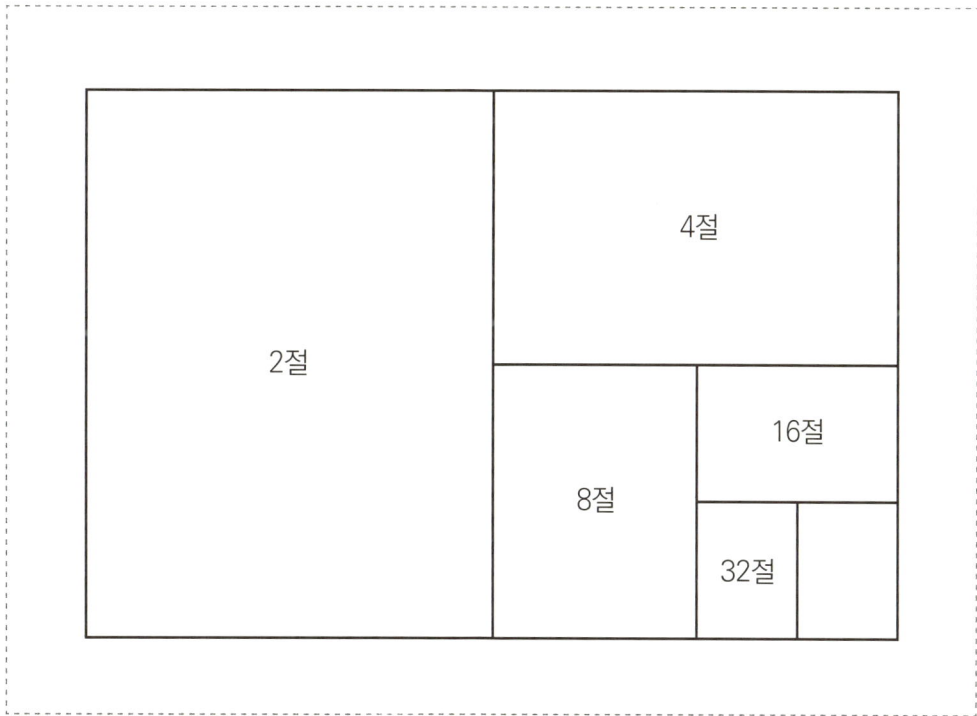

2

독후활동
북아트

- 전래동화 1. 해님 달님
- 전래동화 2. 은혜 갚은 호랑이
- 전래동화 3. 은혜 갚은 까치
- 전래동화 4. 호랑이와 곶감
- 전래동화 5. 팥죽할머니와 호랑이
- 전래동화 6. 독장수와 호랑이
- 전래동화 7. 토끼와 호랑이
- 전래동화 8. 의 좋은 형제
- 전래동화 9. 별주부전
- 전래동화 10. 요술항아리
- 전래동화 11. 삼년고개
- 전래동화 12. 도깨비와 개암
- 전래동화 13. 콩쥐 팥쥐
- 전래동화 14. 누렁소와 검정소
- 전래동화 15. 토끼와 거북이

해님 달님

전래동화 1

프렌치 도어 책

프렌치 도어(French door) 책은 바깥쪽으로 열어젖힐 수 있는 두 짝으로 된 문의 형태를 말합니다. 《해님 달님》 프렌치 도어 책은 양쪽 문을 열면 또 다른 문이 나오도록 만들어 아이들의 호기심을 자극하고 상상력과 집중력을 높일 수 있도록 하였습니다.

속담
뿌린대로 거둔다.

사자성어
인과응보 (因果應報. 인할 인, 과보 과, 응할 응, 갚을 보)

좋은 일에는 좋은 결과가, 나쁜 일에는 나쁜 결과가 따른다는 의미입니다. 원래는 불교 용어입니다. 과거나 *전생의 인연(因緣)에 따라 *내생에 그에 맞는 대가를 치른다는 의미인데, 일의 원인에는 반드시 그에 상응하는 결과가 뒤따른다는 뜻이 가장 일반적으로 쓰입니다. 비슷한 말로 '사필귀정(事必歸正)'이 있습니다.

* 전생: 이 세상에 태어나기 이전의 생애 * 내생: 죽은 뒤의 생애

생각나누기

Q 오누이는 **어떤** 위험에 빠져 있었나요?

Q 호랑이는 오누이를 **어떻게** 속이려 했나요?

Q 위험 속에서 오빠는 **어떤** 지혜를 발휘했나요?

Q 동생의 실수를 **어떻게** 극복하고 해님 달님이 됐을까요?

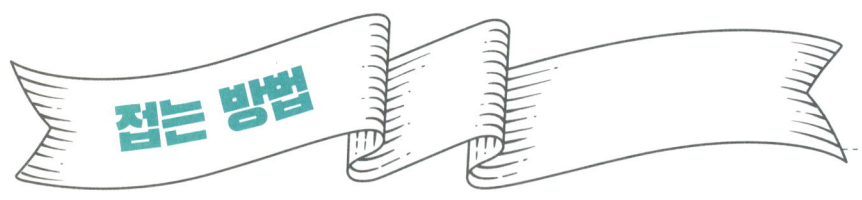

접는 방법

준비물

색지(40cm×27cm), 다른 색 색지 2장(18cm×12cm), 사자성어 꾸밈용 원형 색지 4장(지름 6cm), *둔테용 색지(3.5cm×5.5cm), *빗장용 색지(14cm×1.5cm), 연필, 지우개, 양면테이프(딱풀), 가위, 사인펜, 색연필

❶ 색지(40cm×27cm)를 준비합니다.

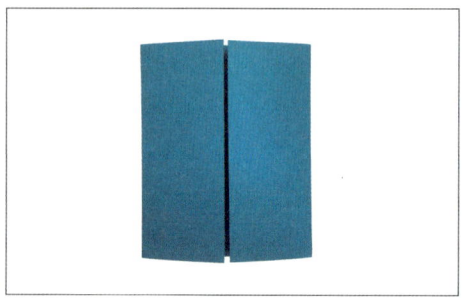

❷ 세로로 4등분이 되도록 접습니다.

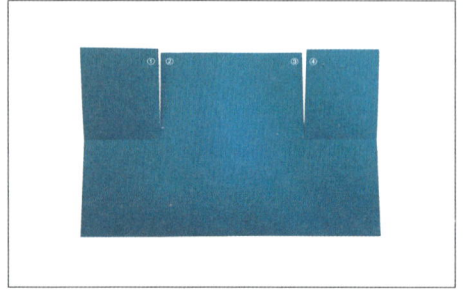

❸ ①번과 ②번 사이와 ③번과 ④번 사이를 세로로 13cm만큼 자릅니다.

❹ 자른 부분을 아래로 향하게 접습니다.

* 빗장은 양쪽 대문을 가로질러 걸게 되는 기다란 나무막대, 둔테는 빗장을 걸기 위해 부착한 형상을 말합니다.

❺ 다시 안쪽으로 접어 프렌치 도어를 완성합니다.

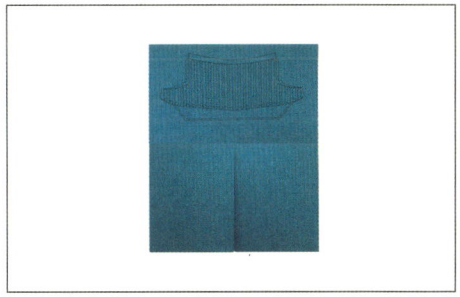

❻ 프렌치 도어 위쪽 여백에 지붕을 그립니다.(p.124. 도안 참고)

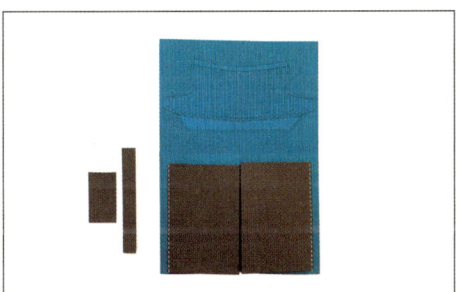

❼ 다른 색 색지(18cm×12cm)를 반으로 접어 양쪽 도어 위에 점선으로 표시된 부분을 접어 바깥쪽으로 열어젖힐 수 있게 하여 붙입니다. 빗장용 색지와 둔테용 색지를 준비합니다.

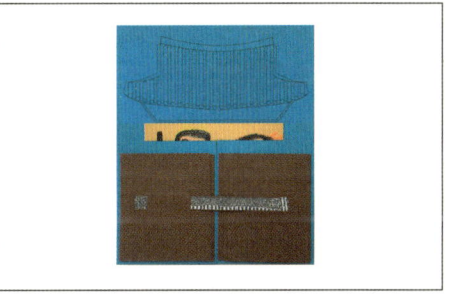

❽ 오른쪽 도어 중앙에 빗장 색지의 오른쪽 끝을 붙입니다. 왼쪽 도어 중앙에 둔테 색지를 빗장 색지가 통과할 수 있도록 가운데는 제외하고 붙입니다.

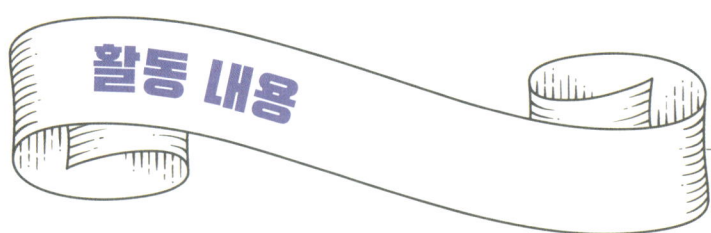

활동 내용

❶ 첫번째 양쪽 도어를 열어 사자성어를 적을 꾸밈용 색지(지름 6cm) 4장을 붙인 후, 각각 '인', '과', '응', '보'라고 적습니다.

❷ 두번째 도어를 열어 왼쪽에는 '인과응보(因果應報)'의 뜻을 적고, 오른쪽에는 속담 '뿌린 대로 거둔다'를 적습니다.

❸ 가운데에는 사자성어와 속담과 관련된 여러분의 경험을 그림으로 표현해 봅니다.

❹ 도어와 도어 안쪽을 더 꾸며 완성하고 마무리 짓습니다. 도어와 지붕의 형태를 바꾸면 다른 느낌의 프렌치 도어 책을 만들 수 있습니다.

전래동화 2 은혜 갚은 호랑이

호랑이 입체 책

호랑이 입체 책은 책을 펼치면 호랑이가 입체적으로 튀어올라오는 효과를 넣어 만든 책입니다. 페이지 안에 숨겨 놓은 입체 조형물은 아이들의 호기심을 자극하고 흥미를 유발해 책에서 전하려는 주제에 쉽게 접근할 수 있도록 도와 줍니다.

속담
원수는 물에 새기고, 은혜는 돌에 새기라.

사자성어
각골난망 (刻骨難忘, 새길 각, 뼈 골, 어려울 난, 잊을 망)

입은 은혜에 대한 고마운 마음이 뼈에 새길 만큼 커서 잊히지 않는다는 의미입니다. 죽은 뒤에 백골이 되어도 은혜를 잊지 않을 만큼 다른 사람에게 큰 은혜를 입었을 때 고마움을 표시하는 말로 쓰입니다.

생각나누기

Q 호랑이는 **왜** 나무꾼에게 커다란 입을 벌리며 눈물을 흘렸나요?

Q 호랑이는 나무꾼에게 **어떻게** 고마움을 표시했나요?

Q 호랑이는 **왜** 나무꾼에게 자신을 활로 쏴 죽이라고 말했나요?

Q 자신을 희생하면서까지 은혜를 갚은 호랑이의 마음을 **어떻게** 생각하나요?

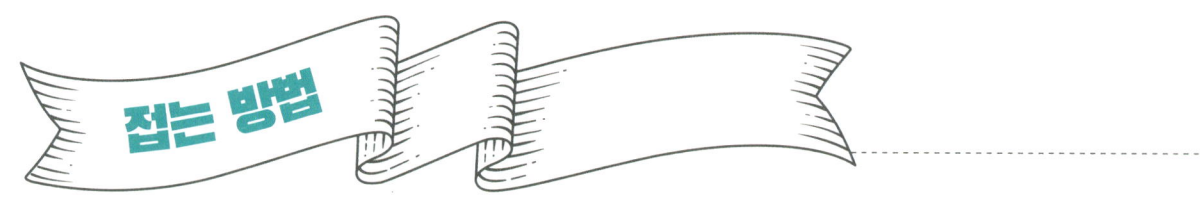

준비물

색지 1장(54cm×39cm, 기본책), 노란색 색지 2장(얼굴 14.4cm×10.6cm, 다리 16.5cm×11cm), 빨간색 색지(혀 5cm x4cm), 연필, 지우개, 양면테이프, 가위, 사인펜, 색연필

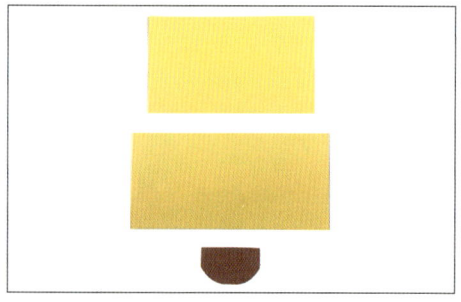

❶ 호랑이 팝업을 만들 노란색 색지 2장과 빨간색 색지 1장을 준비합니다.

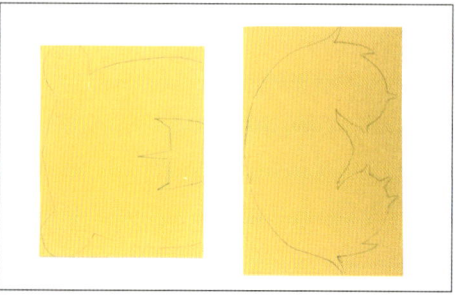

❷ 노란색 색지 2장에 호랑이 얼굴과 다리 밑그림을 그립니다.(p.127. 도안 참고)

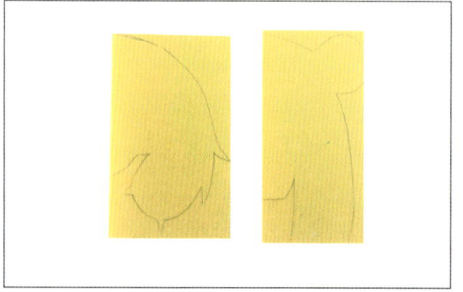

❸ 밑그림의 종이를 반으로 접습니다.

❹ 얼굴 색지를 가위로 밑그림 선을 따라 오립니다. 그다음 펼쳐서 호랑이의 얼굴을 꾸밉니다.

❺ 얼굴 색지의 가운데 양쪽 삼각형 부분을 45도로 접습니다.

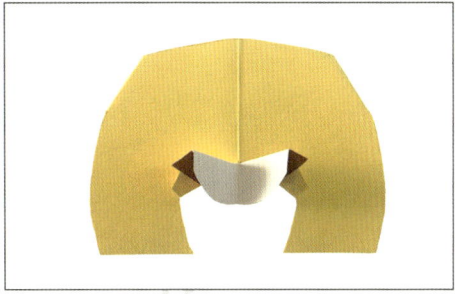

❻ 혀를 터널 모양으로 접은 후 풀칠면에 양면테이프를 붙여 얼굴에 붙입니다.

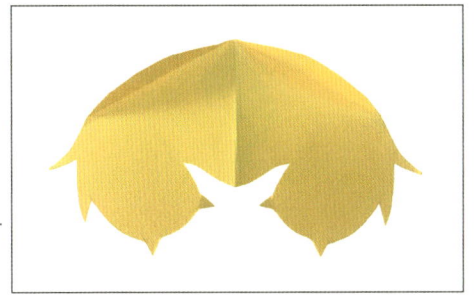

❼ 다리 색지를 오린 후 풀칠면을 만들어 붙일 수 있도록 접어 둡니다

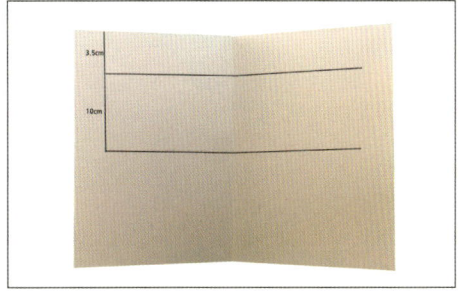

❽ 4절지를 이용해 직사각형 책(이하 기본책)을 만듭니다.(p.106. 도안 참고)

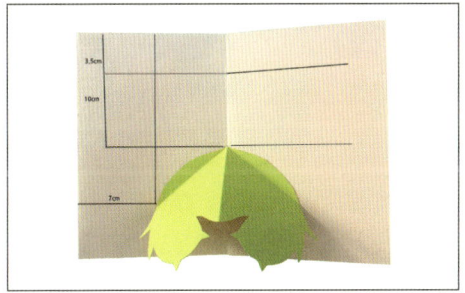

❾ 기본책 앞 표지를 넘겨 1페이지와 2페이지 사이에 위에서부터 10cm 간격의 위치에 다리 색지를 책 중심에 맞춰 붙입니다. 붙이면서 책이 펼쳐지고 닫히는지 확인합니다.

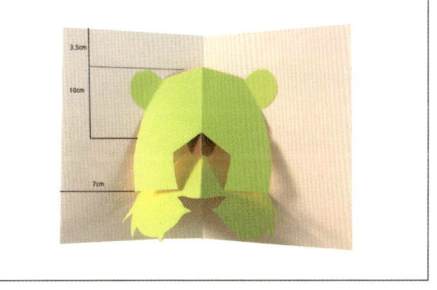

❿ 위에서부터 3.5cm 간격의 위치에 얼굴을 붙여 완성합니다. 붙이면서 책이 펼쳐지고 닫히는지 확인합니다.

활동 내용

❶ 기본책 1페이지와 2페이지에 입체 호랑이를 붙이고 꾸밉니다.

❷ 3페이지와 4페이지에 《은혜 갚은 호랑이》에서 '각골난망(刻骨難忘)'의 교훈을 알려주는 장면을 그림으로 표현해 보세요.

❸ 5페이지와 6페이지에 '평소 나에게 고마움을 느끼게 해 준 사람에게 그 마음을 전한 사례'를 그림으로 그려보세요.

❹ '여러분이 누군가로부터 고맙다는 인사를 들어본 경험'이 있다면, 그 경험을 그림으로 표현해 보세요.

은혜 갚은 까치

전래동화 3

8면 창문 병풍 책

병풍 책은 종이를 지그재그로 접어 병풍 모양으로 만든 책입니다. 창문 병풍 책은 안쪽면에 바깥면과 다른 색지를 창틀 구조로 만들어 붙인 책입니다. 창틀의 색과 모양에 변화를 주면 만든 이의 개성을 드러낼 수 있습니다. 병풍 책은 모양이 아코디언처럼 생겼다고 하여 '아코디언 책'이라고도 하고, '폴드 책'이라고도 합니다.

속담
원수는 물에 새기고, 은혜는 돌에 새기라.

사자성어
결초보은 (結草報恩, 맺을 결, 풀 초, 갚을 보, 은혜 은)

풀을 묶어 은혜를 갚는다는 의미입니다. 목숨을 잃을 뻔한 딸을 좋은 곳으로 시집 보내준 위과에게 보답하기 위해 딸의 아버지가 풀을 묶어 적장을 걸려 넘어지게 함으로써 포로가 되도록 만들었다는 이야기입니다.

생각나누기

Q 선비는 새끼 까치에게 **어떤** 도움을 주었나요?

Q 구렁이가 선비를 살려주는 조건으로 요구한 것은 **무엇**일까요?

Q 엄마, 아빠 까치가 죽어 있었던 이유는 **무엇**일까요?

Q 지금까지 읽었던 동화 중에 도움을 받고 은혜를 갚는 내용의 **다른 동화 제목**을 생각해보세요.

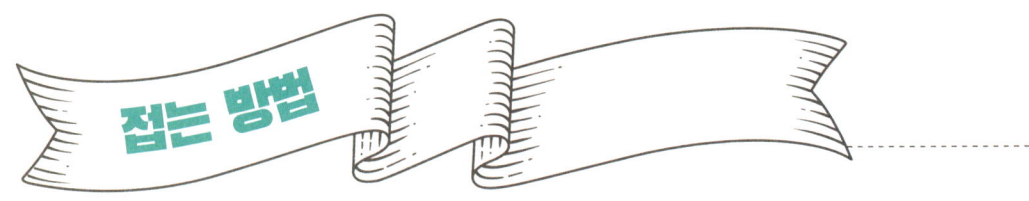

접는 방법

준비물

표지용 하드보드지(20cm×7cm), 서로 다른 색상의 색지 2장(54cm×19.5cm), 표지 꾸밈용 색지 2장(4cm×4cm), 연필, 지우개, 양면테이프, 칼, 가위, 색연필

❶ 서로 다른 색상의 색지 2장을 준비해 가로로 2등분한 후 각각 1/2만 사용합니다.

❷ 2등분한 종이(54cm×19.5cm)를 각각 8등분이 되도록 지그재그로 접습니다.

❸ 지그재그로 접은 후 창틀을 디자인합니다. 창틀을 제외한 부분은 잘라낼 부분입니다.

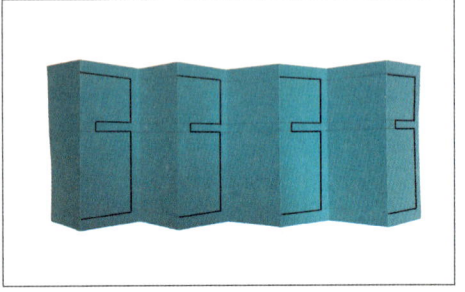

❹ 창틀 모양에 변화를 주어 다양한 형태의 병풍 책을 만들 수 있습니다.

❺ 잘라내고 난 후의 창틀 구조입니다. 윗단 1/3은 고사성어를 적는 면이고 아랫단 2/3는 그림을 그릴 면입니다.

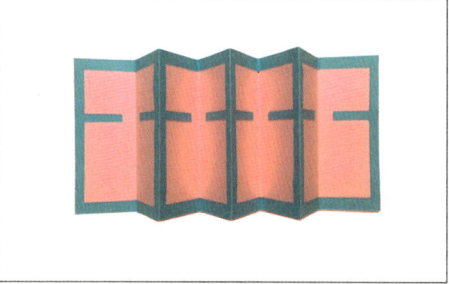

❻ 잘라낸 데두리를 준비해놓은 나븐 색의 색지 위에 붙입니다.

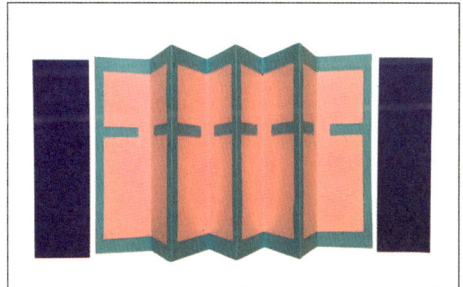

❼ 8등분한 종이 1면과 8면의 뒷면에 표지용 하드 보드지(20cm×7cm)를 양면테이프로 붙이고 꾸밉니다.

❽ 완성된 모습입니다.

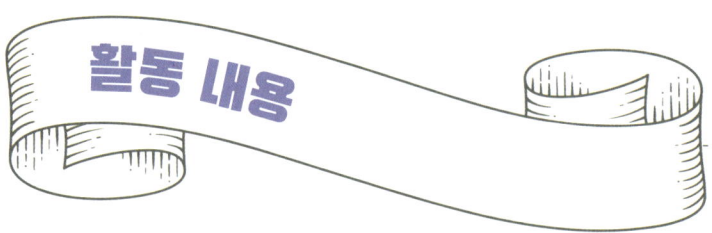

활동 내용

❶ 병풍 책은 펼치면 내용이 한눈에 들어오는 장점이 있습니다. 윗단 1/3 부분은 고사성어를 적는 면입니다. 고사성어는 4글자를 2면에 1글자씩 적습니다. 홀수면에는 한글을, 짝수면에는 한자를 적습니다. 아랫단 2/3 부분에는 그림을 그립니다.

❷ '결(結)'과 '초(草)'를 적고 《은혜 갚은 까치》에서 '결초보은(結草報恩)'의 교훈을 알려주는 장면을 그림으로 그려보세요.

❸ '보(報)'와 '은(恩)' 면에는 평소 나에게 고마움을 느끼게 해 준 사람에게 그 마음을 전한 사례를 그림으로 그려보세요. 속담 '은혜는 돌에 새기고, 원수는 물에 새기라.'를 적습니다.

❹ 지그재그로 접은 후에 앞 표지에 꾸밈용 색지를 붙이고 제목을 적은 후 마무리합니다.

호랑이와 곶감

전래동화 4

스탠드 책 1

스탠드 책은 180도로 페이지가 펼쳐질 때 접혀 있던 조형물이 수직으로 세워지는 책입니다. 주인공이나 중요한 물건을 수직으로 만들어 세우면 효과적입니다. 《호랑이와 곶감》에서는 도둑과 호랑이가 마주 친 외양간을 조형물로 만들었습니다.

속담
길을 무서워하면 범을 만난다.

사자성어
오비이락 (烏飛梨落, 까마귀 오, 날 비, 배나무 이, 떨어질 락)

까마귀 날자 배 떨어진다는 의미입니다. 까마귀는 그냥 날아올랐을 뿐인데 배가 떨어져 버리니 까마귀가 배를 떨어뜨린 것으로 오해를 받게 된 상황을 말합니다. 이 말은 아무 관계없는 일이 동시에 일어나 괜한 오해를 받을 때 사용합니다.

생각나누기

Q 호랑이가 곶감을 무서워한 이유는 **무엇**일까요?

Q 곶감은 **무엇**으로 만들었나요?

Q 당신에게 곶감은 **어떤** 느낌인가요?

Q 어두운 외양간에서 도둑과 마주친 호랑이는 **어떤** 생각을 했나요?

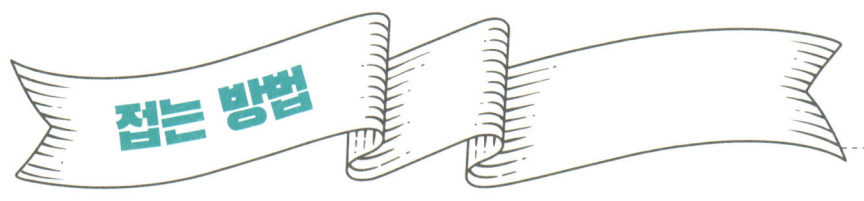

준비물

색지 1장(54cm×39cm, 기본책), 다른 색상의 색지 2장(외양간 24cm×10cm, 지붕 12cm×5.5cm), 연필, 지우개, 양면테이프, 가위, 색연필

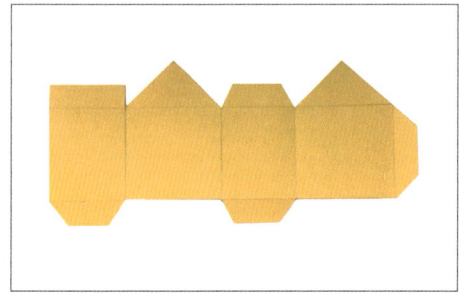

❶ 외양간 도안을 만들어 오립니다.
   (p.125. 도안 참고)

❷ 색연필을 이용해 도안의 겉면을 꾸밉니다. 몸체와 지붕의 겉면을 바꿔 다른 느낌의 입체 외양간을 만들어 보세요.

❸ 연결면에 양면테이프를 붙여 붙입니다.

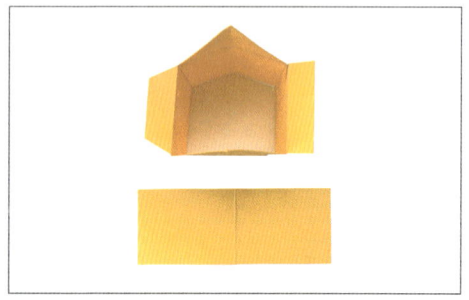

❹ 색칠을 마친 외양간의 몸체와 지붕입니다.

❺ 지붕을 붙여 외양간을 완성합니다.

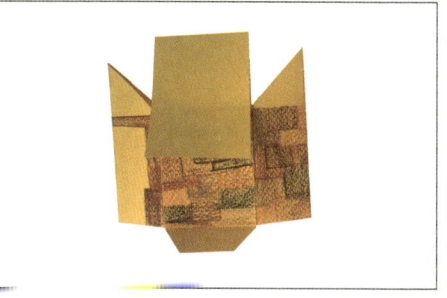

❻ 외양간을 접었을 때 측면 모습입니다. 이렇게 책 안에 접혀 있다 펼치면 입체 조형물이 되어 수직으로 세워집니다.

❼ 4절지로 만든 기본책 1, 2페이지를 펼쳐 외양간을 책이 접히는 중앙에 정확히 맞춰 붙입니다.

❽ 완성된 스텐드 책을 위에서 본 모습입니다. 책을 접었다 폈을 때 팝업 효과가 나는지 확인해 봅니다.

활동 내용

❶ 기본책에 외양간을 붙인 면을 펼칩니다.

❷ 어두운 외양간에서 호랑이와 도둑이 마주치는 장면을 그린 후에 속담 '길을 무서워하면 범을 만난다'를 적습니다.

❸ 3, 4페이지에 《호랑이와 곶감》 속 인상 깊은 장면을 그림으로 그려보세요.

❹ 사자성어 '오비이락(烏飛梨落)'처럼 아무 관계없는 일이 동시에 일어나 오해를 받았던 경험을 그림으로 그려보세요.

팔죽할머니와 호랑이

전래동화 5

깃발 책

깃발 책은 페이지를 깃발이 날리는 모양으로 만든 책입니다. 플래그(Flag) 책이라고도 합니다. 지그재그로 접은 종이 위쪽과 아래쪽에 깃발을 서로 엇갈리게 붙이는 방법으로 만듭니다. 깃발을 붙이는 단의 갯수에 따라 2단, 3단, 4단 깃발 책이라고 부릅니다. 깃발의 모양, 지그재그로 접은 면의 갯수에 따라 변형이 가능합니다.

속담
백지장도 맞들면 낫다.

 ## 사자성어
상부상조 (相扶相助, 서로 상, 도울 부, 서로 상, 도울 조)

서로서로 돕는다는 의미입니다. 여러 명이 힘을 합하면 혼자 하는 것보다 훨씬 쉽고 많은 일을 할 수 있다는 의미입니다.

 ## 생각나누기

Q 할머니는 **왜** 호랑이에게 팥죽을 먹게 해 달라고 했을까요?

Q 할머니는 **어떻게** 호랑이를 물리치나요?

Q 할머니가 도움을 받을 수 있었던 이유는 **무엇**이었나요?

Q 당신은 힘든 일이나 어려운 일이 생기면 **어떻게** 하나요?

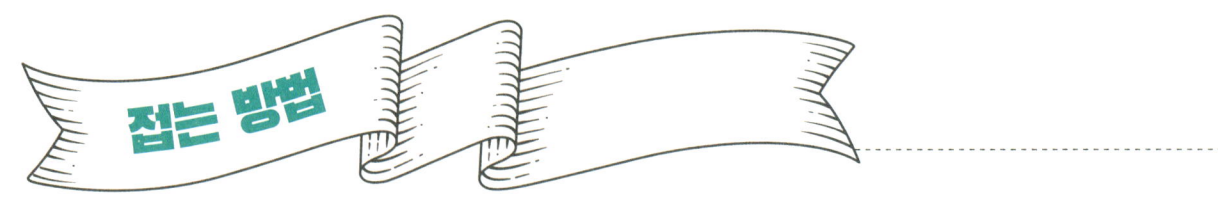

준비물

색지 1장(54cm×39cm, 기본책), 다른 색상의 색지 1장(52cm×18cm), 깃발 색지 4장 (10cm×7cm), 연필, 지우개, 양면테이프, 가위, 색연필

❶ 다른 색상의 색지(52cm×18cm)를 4등분으로 접습니다.

❷ 4등분한 종이를 다시 8등분이 되도록 지그재그로 접습니다.

❸ 색지(54cm×39cm)로 기본책을 만듭니다.

❹ 기본책 1페이지에 지그재그로 8등분해서 접은 색지를 책 중앙에 가깝게 붙입니다.

❺ 지그재그로 접은 색지를 오른쪽으로 쭉 잡아당겨 페이지 전체가 한눈에 들어오는지 확인합니다.

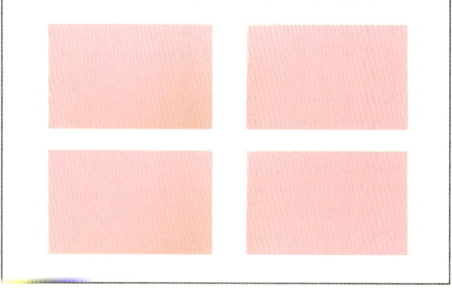

❻ 깃발 색지 4장(10cm×/cm)을 준비합니다.

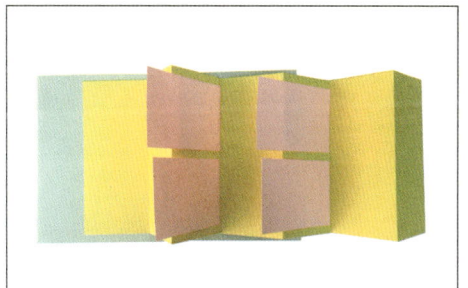

❼ 지그재그로 접은 색지 3페이지와 5페이지에 깃발을 붙입니다.

❽ 깃발을 붙인 지그재그 색지를 접고 앞 표지를 꾸며 완성합니다.

활동 내용

❶ 할머니를 도와 준 친구들은 **누 가** 있었나요? 깃발에 친구들을 그립니다.

❷ 2페이지에 '서로 의지하고 서로 돕는다'는 의미의 사자성어 '상부상조(相扶相助)'와 '힘든 일이나 어려운 일에 처했을 때 서로 조금씩 힘을 합쳐 도우면 극복해 나갈 수 있다'는 의미의 속담 '백지장도 맞들면 낫다'를 적습니다.

❸ 3, 4페이지에 《팥죽할머니와 호랑이》에서 인상 깊었던 장면을 그림으로 그려보세요.

❹ 사자성어 '상부상조(相扶相助)'처럼 서로서로 도와 좋은 결과를 얻었던 경험을 떠올리며 그림으로 그려보세요.

독장수와 호랑이

플랩 책

플랩(Flap) 책은 페이지 일부분에 문(덮개)을 만들어 들춰 올리면 그 안에 숨겨 놓은 글과 그림을 볼 수 있게 만든 책입니다. 평면 책에 덮개를 달면 깊이감을 줄 수 있고, 덮개 뒤의 내용은 아이들의 상상력을 자극하여 집중력과 문제 해결력을 키울 수 있습니다. 호랑이 배 속에 갇힌 독장수는 어떻게 밖으로 나올 수 있었을까요?

속담
급히 먹은 밥이 체한다.

 ## 사자성어
망중유착 (忙中有錯, 바쁠 망, 가운데 중, 그르칠 유, 어긋날 착)

서두르는 가운데 실수가 생긴다는 의미입니다. 서두르다가 도리어 일을 그르칠 수 있으니 서두름을 경계하라는 말입니다.

 ## 생각나누기

Q 호랑이가 나타나자 깜짝 놀란 독장수는 **어떻게** 했나요?

Q 독장수가 컴컴한 호랑이 배 속에서 처음 한 일은 **무엇**인가요?

Q 호랑이는 **왜** 죽게 되었나요?

Q 당신이 호랑이를 만났다면 **어떻게** 했을까요?

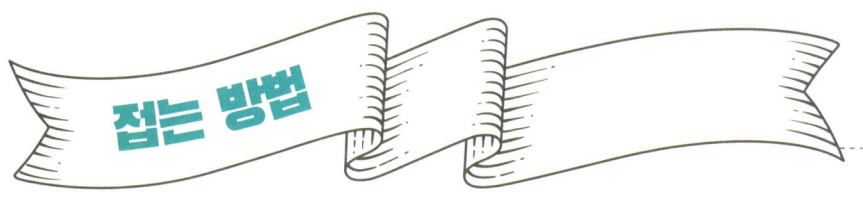

준비물

색지 1장(54cm×39cm), 연필, 지우개, 양면테이프, 가위, 칼, 색연필

❶ 색지(54cm×39cm)를 8등분이 되도록 접습니다.

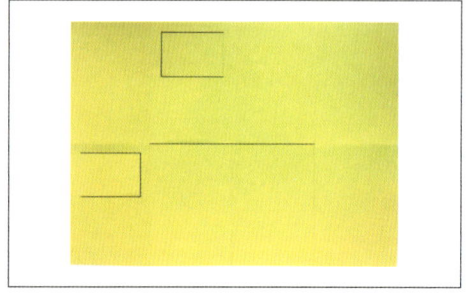

❷ 양쪽 끝면은 제외하고 중앙에 칼선을 넣어 자릅니다. 윗단 두번째 칸, 아랫단 첫번째 칸에 창문을 그리고 자릅니다.

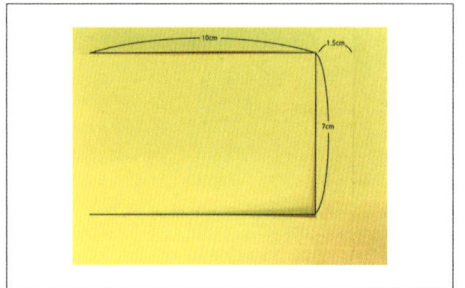

❸ 창문의 크기는 위에서 1.5cm만큼 여백을 두고 가로 10cm, 세로 7cm 크기로 만듭니다.

❹ 책의 형태를 만들어 고정하기 위해 색지 위에 양면테이프를 붙입니다.

❺ 3, 4페이지를 펼칩니다.

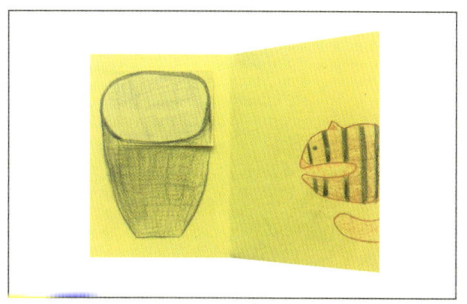

❻ 3페이지 창문에 항아리 입구를 열고 닫을 수 있게 그립니다.

❼ 5, 6페이지를 펼칩니다.

❽ 5, 6페이지에 호랑이를 그립니다. 5페이지 창문 위에 호랑이의 배가 위치하도록 그려서 열고 닫을 수 있게 합니다.

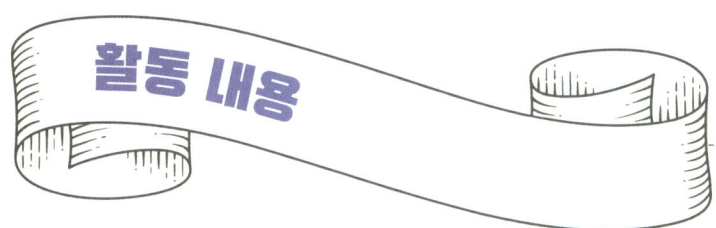

❶ 1페이지에 사자성어 '망중유착(忙中有錯)'을 적고, 2페이지에 '급히 먹은 밥이 체한다'는 속담을 적습니다.

❷ 3페이지 창문에 항아리 입구를 그리고, 열렸을 때 항아리에 숨어 있는 독장수가 보이도록 그림을 그립니다.

❸ 5페이지의 창문을 열어 캄캄한 호랑이 배 속에서 불을 밝히기 위해 초를 들고 있는 독장수의 모습을 그립니다.

❹ 앞 표지에 제목과 그림을 그려 북아트를 완성합니다.

토끼와 호랑이

입체 책

입체 책은 책을 펼쳤을 때, 페이지의 일부가 입체감 있게 튀어나오도록 만든 책입니다. 호랑이 입체 책은 페이지 안에 계단 모양의 팝업을 만들고 그 위에 사각형 색지를 붙여, 토끼가 호랑이에게 제안한 세 가지 내용을 사각형 입체 조형물에 담을 수 있도록 구성하였습니다.

속담
작은 고추가 맵다.

사자성어
토영삼굴 (兔營三窟, 토끼 토, 지을 영, 석 삼, 굴 굴)

토끼가 위험에 대비하여 세 개의 굴을 파 놓는다는 의미로 자기의 안전을 위해 미리 몇 가지 계획을 준비해 놓는다는 말입니다.

생각나누기

Q 토끼가 호랑이에게 한, 첫 번째 제안은 **무엇**인가요?

Q 첫 번째 제안에 호랑이가 받은 것은 **무엇**인가요?

Q 토끼가 호랑이에게 한, 두 번째 제안은 **무엇**인가요?

Q 두 번째 제안에 호랑이가 받은 것은 **무엇**인가요?

Q 토끼가 호랑이에게 한, 세 번째 제안은 **무엇**인가요?

Q 세 번째 제안에 호랑이가 받은 것은 **무엇**인가요?

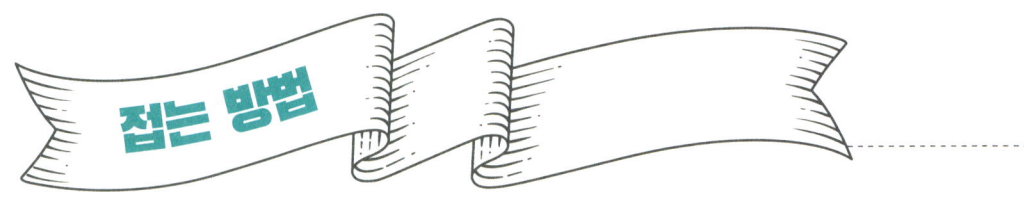

준비물

색지 1장(54cm×39cm), 다른 색상의 색지 3장(7cm×7cm, 10cm×5cm, 10cm×9cm), 연필, 지우개, 양면테이프, 가위, 칼, 색연필

❶ 색지(54cm×39cm)를 8등분으로 접습니다.

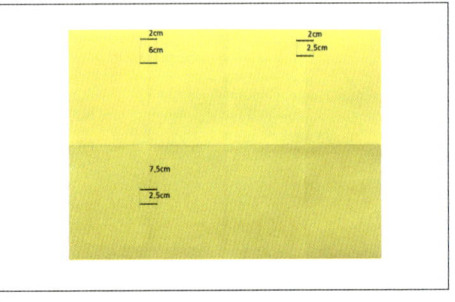

❷ 적혀 있는 세로 길이만큼 간격을 두고 커터칼로 자릅니다. 가로 길이는 모두 3cm입니다.

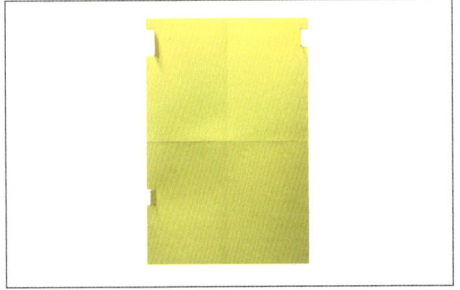

❸ 자른 부분을 접었다 펼친 후, 손으로 밀어 튀어나온 계단 모양을 만듭니다.

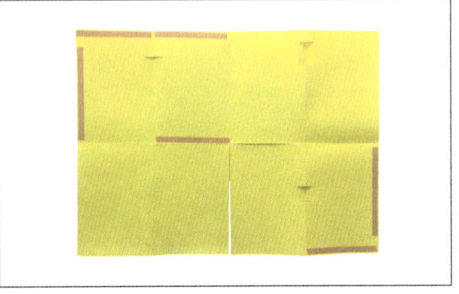

❹ 책의 형태를 만들기 위해 양면테이프를 붙입니다. 가운데는 T자형으로 자릅니다.

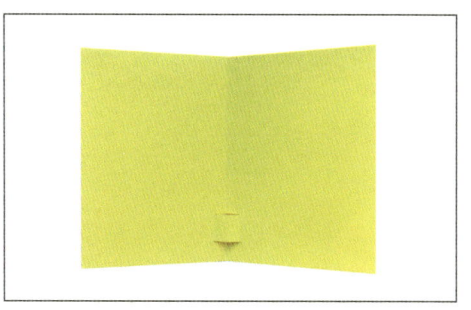

❺ 책의 형태로 접은 다음, 3과 4, 5와 6, 7과 8페이지에 계단 팝업이 만들어졌는지 확인한 후에 고정합니다.

❻ 3과 4페이지에 있는 계단 팝업에 색지 (7cm×7cm)를 붙입니다.

❼ 5와 6페이지에 있는 계단 팝업에 색지 (10cm×5cm)를 붙입니다.

❽ 7과 8페이지에 있는 계단 팝업에 색지 (10cm×9cm)를 붙입니다.

활동 내용

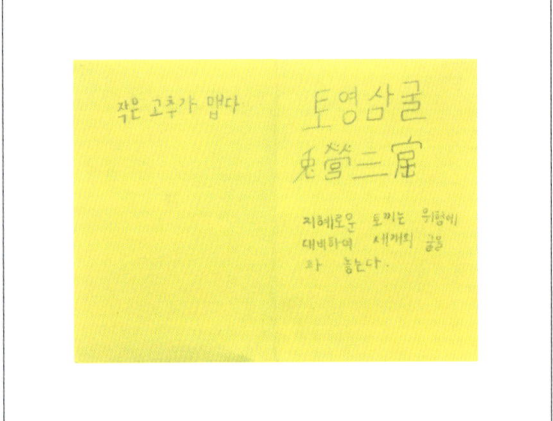

❶ 1페이지에 속담 '작은 고추가 맵다'를 적고, 2페이지에는 '토영삼굴(兔營三窟)'의 의미와 한자를 적습니다.

❷ 떡인 줄 알고 화롯불에 돌을 굽고 있는 호랑이의 모습을 그립니다.

❸ 물고기를 잡으려고 강물에 꼬리를 담그고 있는 호랑이의 모습을 그립니다.

❹ 갈대밭에서 참새를 먹으려고 입을 벌리고 있는 호랑이의 모습을 그립니다.

의 좋은 형제

눈코입 하트 입체 책

입체 책은 책을 열면 그림이 튀어나오도록 만든 형태의 책입니다. 튀어나오는 부분이 눈코입이면 눈코입 입체 책, 하트면 하트 입체 책이라고 이름 붙이면 됩니다. 팝업의 원리를 이해한 후 나만의 창의적인 입체 책을 만들어 보세요.

속담
형제는 하늘이 내려주신 벗이다.

사자성어
형우제공 (兄友弟恭, 형 형, 벗 우, 아우 제, 공손할 공)

형은 동생을 사랑하고, 동생은 형을 공경한다는 뜻입니다. 형제간에 서로 우애가 깊음을 의미합니다.

생각나누기
Q 볏난을 똑같이 나누어가진 형과 동생은 **어떤** 생각을 했나요?

Q 형은 **왜** 동생이 더 많은 볏단을 가져야 한다고 생각했나요?

Q 동생은 **왜** 형이 더 많은 볏단을 가져야 한다고 생각했나요?

Q 볏단이 똑같아진 **이유**와 형제의 훌륭한 점을 칭찬해 보세요.

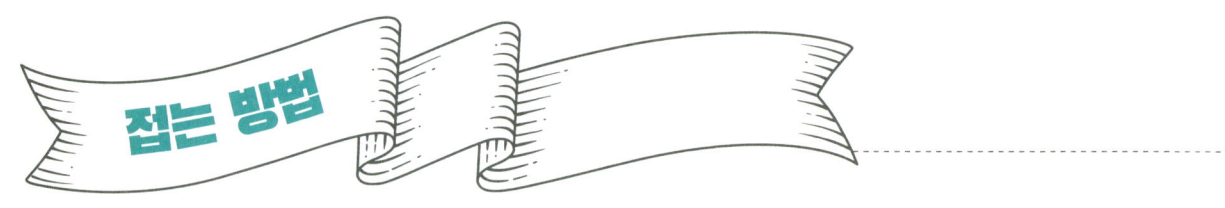

준비물

색지 1장(54cm×39cm), 표지 꾸밈용 색지, 연필, 지우개, 양면테이프, 가위, 색연필, 도트봉

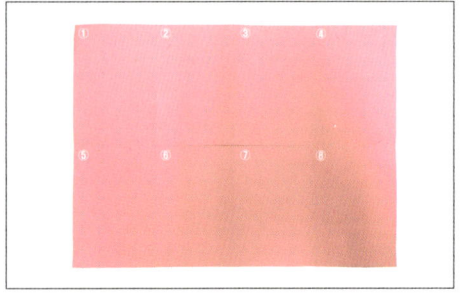

❶ 색지(54cm×39cm)를 8등분이 되도록 접습니다. 색지 양쪽 끝면은 제외하고 중앙에 칼선을 넣어 자릅니다.

❷ 종이의 오른쪽 아래 2면에 아이의 얼굴을 그립니다. 입은 팝업 처리를 할 수 있도록 크게 그려주세요.(❹ 참고)

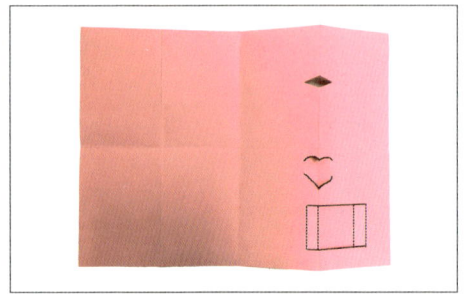

❸ 종이를 아래에서 위로 뒤집으면 사진과 같습니다.

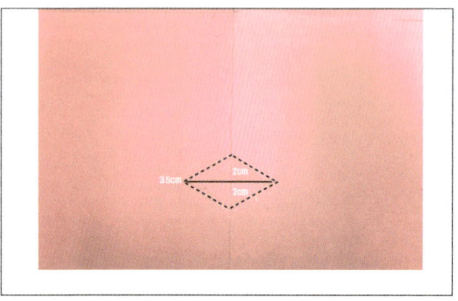

❹ 입 팝업의 세부 모습입니다.

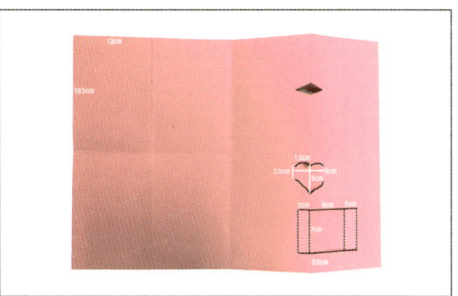

❺ 하트와 계단 팝업 세부 모습입니다. 입과 하트와 계단을 적혀 있는 길이대로 커터칼로 자릅니다.

❻ 팝업 처리를 완성해 주세요.

❼ 가로로 반을 접은 후에 좌우 날개를 안으로 밀어 책의 형태를 만듭니다.

❽ 완성된 입체 책의 모습입니다.

활동 내용

❶ 왼쪽 면에 말풍선으로 사자성어 '형우제공(兄友弟恭)'을 적고, 오른쪽에 의미를 적습니다.

❷ 입체 계단 면에 형제, 남매, 자매 사촌 등의 그림과 이름을 적고 말풍선을 그린 후 대화하는 내용을 적어보세요. 하트 팝업을 꾸미고, 오른쪽 페이지에는 속담 '형제는 하늘이 내려주신 벗이다.'를 적습니다.

❸ 《의 좋은 형제》에서 '형우제공(兄友弟恭)'의 교훈을 알려주는 장면을 그림으로 그려보세요. 그리고 평소 내가 다른 사람 또는 형제를 위해 희생하고 양보한 사례가 있다면 그림으로 표현해 보세요.

❹ 표지를 각자의 개성대로 꾸밉니다.

별주부전

전래동화 9

매직 책

매직(Magic) 책은 종이를 잡고 당길 때, 숨겨져 있던 새로운 글과 그림이 나타나도록 만든 책입니다. 지면 안에서 화면 전환의 효과를 줄 수 있는 재미있는 책입니다. 어떤 글과 그림을 숨겨 놓을지 게임을 하듯 만드는 매직 책은 상상하는 것만으로도 즐거운 책입니다.

속담
제 꾀에 넘어간다.

사자성어
자업자득 (自業自得, 스스로 자, 일 업, 스스로 자, 얻을 득)

자기가 행동한 일의 결과를 스스로 받게 된다는 의미입니다. 자신이 저지른 좋지 못한 행동은 언젠가 자기 자신에게 돌아갈 수 있습니다. 자신의 이익만을 생각하거나 귀찮아서 대충한 일들은 결국 자신에게 안 좋은 결과로 돌아갈 수 있습니다.

생각나누기

Q 거북이는 토끼를 용궁에 데려가기 위해 **어떻게** 했나요?

Q 거북이가 토끼에게 거짓말을 한 이유는 **무엇**일까요?

Q 토끼는 **어떤** 방법으로 위기를 극복했나요?

Q 당신이 토끼라면 **어떤** 방법으로 위기를 극복했을까요?

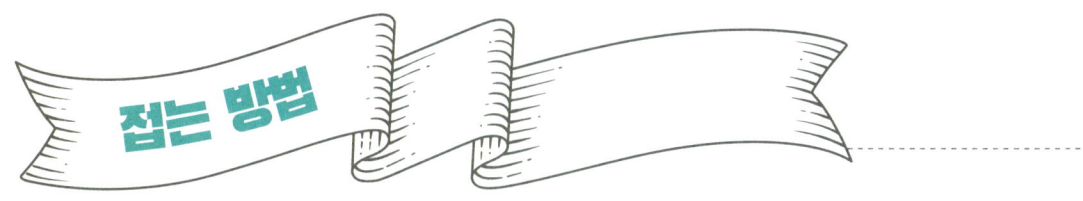

준비물

서로 다른 색상의 색지 2장(A4, 29.7cm×21cm), 거북이 머리용 색지 1장(9.5cm×10cm), 표지용 색지 2장(14.8cm×21cm), 연필, 지우개, 양면테이프, 가위, 색연필

❶ 서로 다른 색상의 색지(A4) 2장을 준비합니다.

❷ 색지 1장을 가로로 4등분이 되도록 접습니다.

❸ 2번째와 3번째 면을 4등분이 되도록 자를 수 있도록 연필로 표시를 합니다.

❹ A4 종이를 반으로 접어 가운데 2번째와 3번째 면만 연필로 표시해 둔 선을 따라 자릅니다.

❺ 2번째와 3번째 자른 면을 지그재그로 접어 놓습니다.

❻ 나른 색의 A4 색지 1장을 가로로 4등분이 되도록 자른 후에 2장을 준비합니다.

❼ 준비해 둔 색지 2장을 2번째와 3번째 접어 놓은 면에 지그재그로 끼워 넣습니다.

❽ 양쪽 면을 잡아당겨 좌우로 펼쳐 완성합니다.

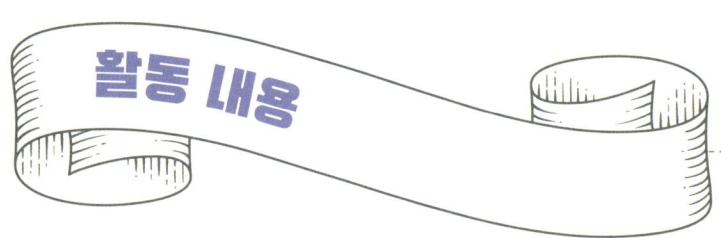

활동 내용

❶ 2번째와 3번째 매직 효과를 준 면에 사자성어를 한글과 한자로 적습니다. 숨기고 싶은 글자나 그림이 있다면, 쓰거나 그려주세요.

❷ 《별주부전》에서 '자업자득(自業自得)'의 교훈을 알려주는 장면을 그림으로 그려보세요.

❸ 사자성어 '자업자득(自業自得)' 처럼, 내가 게으름을 피우거나 거짓말을 해서 좋지 않은 결과가 있었던 경험을 그림으로 그려보세요.

❹ 매직 책에 거북이 머리를 붙여 완성합니다.

전래동화 10 요술항아리

스탠드 책 2

스탠드 책은 180도로 페이지가 펼쳐질 때, 접혀 있던 조형물이 수직으로 세워지는 책입니다. 중요한 인물이나 사물을 수직으로 세워놓고 입체 조형물 주변으로 생기는 페이지 여백에 내용을 적으면 효과적입니다.

속담
바다는 메워도 사람의 욕심은 못 채운다.

사자성어
견물생심 (見物生心, 볼 견, 만물 물, 날 생, 마음 심)

좋은 물건을 보면 그것을 갖고 싶은 마음이 생긴다는 의미입니다. 욕심이 지나치면 좋지 않은 결과를 가져올 수 있습니다. 절제하는 마음을 갖는 것이 중요합니다.

생각나누기
Q 요술 항아리 이름에 '요술'을 붙인 **이유**는 무엇일까요?

Q 농부와 욕심쟁이 영감이 서로 가지려고 했던 요술 항아리에 대한 재판 결과는 **어떻게** 되었나요?

Q 욕심이 지나치면 **어떻게** 될까요?

Q 여러분도 물건에 욕심이 생겨 형제, 자매나 친구와 다투었던 **경험**이 있었나요?

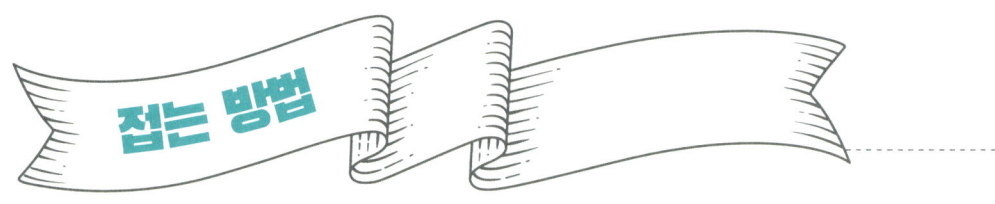

접는 방법

준비물

색지 1장(54cm×39cm, 기본책), 항아리용 색지(21cm×11cm), 표지 꾸밈용 색지, 연필, 지우개, 양면테이프, 가위, 사인펜, 색연필

❶ 기본책을 준비합니다.

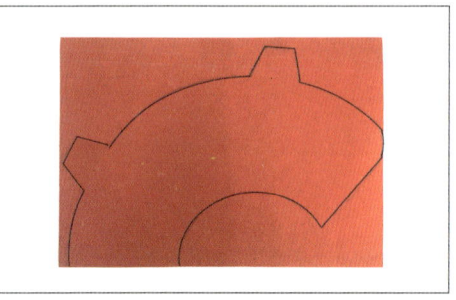

❷ 항아리를 만들 색지(21cm×11cm)를 준비해 도안을 그립니다.(p.126. 도안 참고)

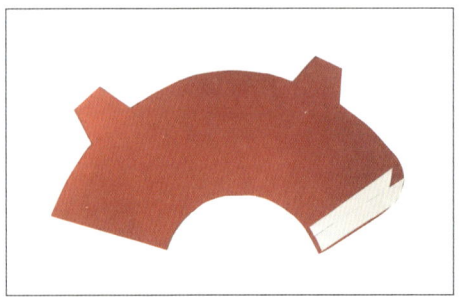

❸ 도안을 오린 후 연결 부분에 양면테이프를 붙입니다.

❹ 양쪽의 연결 부분을 붙여 항아리를 만듭니다.

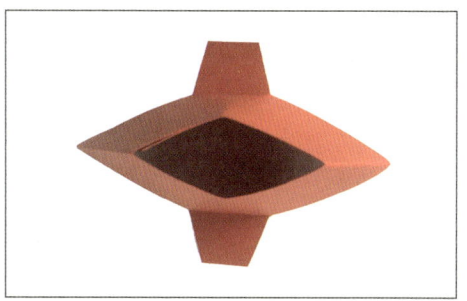

❺ 접착면 양쪽을 당겨 항아리가 벌어지는지 확인합니다.

❻ 풀칠면에 양면테이프를 붙입니다.

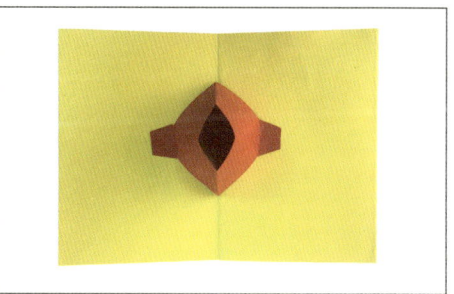

❼ 기본책을 펼치고 항아리 접착면이 좌우로 가도록 하여 기본책 정중앙과 항아리 중심선을 맞춰 붙입니다.

❽ 기본책을 접고 펼칠 때, 항아리가 입구가 잘 벌어지는지 확인해 주세요.

활동 내용

❶ 1페이지에 사자성어 '견물생심(見物生心)'과 뜻을 적고, 2페이지에 속담 '바다는 메워도 사람의 욕심은 못 채운다'를 적습니다. 연상되는 그림이 있다면 그려서 완성합니다.

❷ 3, 4페이지에는 《요술 항아리》를 읽고 교훈을 깨달은 장면을 그림으로 표현해 보세요.

❸ 5, 6페이지에는 생활하면서 좋은 물건을 보고 사고 싶었던 경험, 그리고 그것을 잘 참아 냈던 경험이 있다면 그림으로 그려보세요.

❹ 앞 표지에 제목을 적고 그림을 그려 완성합니다.

전래동화 11 삼년고개

계단 입체 책

계단 입체 책은 책을 90도로 펼쳤을 때 계단 모양이 튀어나오는 형태를 말합니다. 계단의 개수와 폭과 높이를 조절하며 책에 변화를 줄 수 있습니다. 책의 방향에 따라 세로형인 경우 피라미드처럼 먹이사슬 형태를 만들 수 있고, 가로형인 경우에는 로켓, 빌딩숲의 형태로 다양한 이야기를 책에 담을 수 있습니다.

속담
하늘이 무너져도 솟아날 구멍이 있다.

 ### 사자성어
심기일전 (心機一轉, 마음 심, 기틀 기, 하나 일, 바꾸다 전)

마음의 틀을 바꾼다는 의미입니다. 어떤 동기로 인해 이제까지 지니고 있던 생각과 태도를 버리고 완전히 달라진다는 의미입니다.

 ### 생각나누기

Q '삼년고개'라고 부른 **이유**는 무엇일까요?

Q '삼년고개'에서 구른 할아버지는 **어떤** 생각을 했기 때문에 몸져 눕게 되었나요?

Q 할아버지의 병이 **어떻게** 싹 사라지게 되었나요?

Q 여러분이라면 '삼년고개'에서 굴러 슬퍼하고 있는 할아버지에게 **어떤** 말을 했을까요?

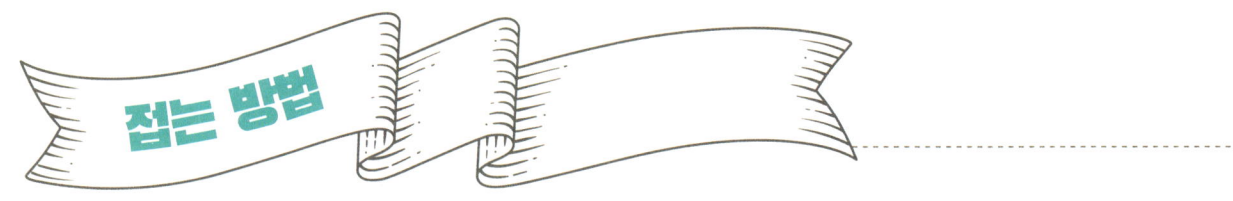

준비물

다른 색 색지 2장(A4, 표지용 210mm×297mm, 내지용 200mm×280mm), 연필, 지우개, 양면테이프, 가위, 색연필

❶ 내지 종이를 세로로 놓고 반을 접어 올립니다.

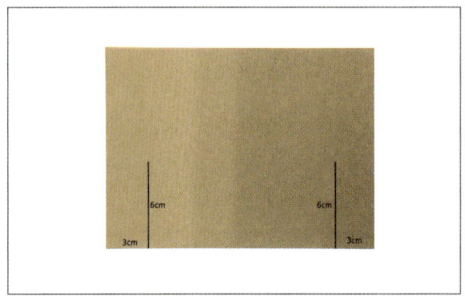

❷ 세로 길이(14cm)의 2분의 1보다 작게 (6cm) 2번 자릅니다.

❸ 가운데 부분을 접었다 편 후 안으로 밀어 넣어 계단 모양을 만듭니다.

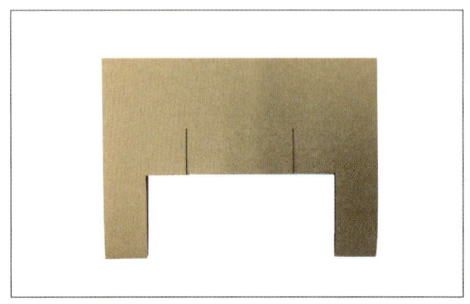

❹ 같은 방법으로 세로 길이의 2분의 1보다 작게 가위로 2번 자릅니다.

❺ 접었다 편 후 안으로 밀어 넣어 앞으로 튀어나오도록 한 후, 계단 모양을 만듭니다.

❻ 내지가 완성된 모습입니다.

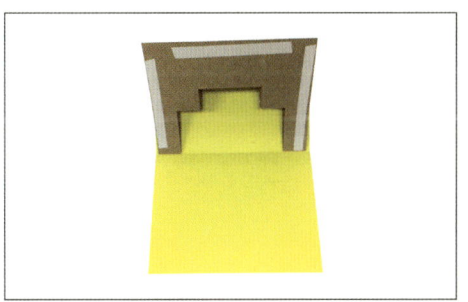

❼ 완성된 내지를 표지용 A4종이에 붙입니다.

❽ 표지와 내지를 꾸며 완성합니다.

활동 내용

❶ 계단 입체 책의 3층 계단 중 1, 2층 계단에 할아버지가 3년 고개에서 구르는 장면을 그림으로 그립니다.

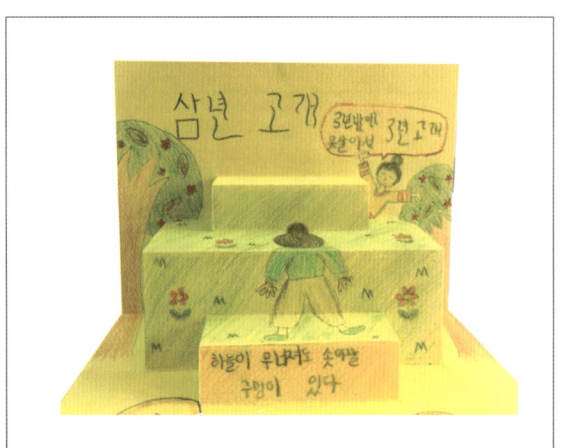

❷ 계단 직각면에, 속담 '하늘이 무너져도 솟아날 구멍이 있다'와 사자성어 '심기일전(心機一轉)'을 적습니다.

❸ 《삼년고개》에서 '심기일전(心機一轉)'의 교훈을 알려주는 장면을 그림으로 그립니다.

❹ 바닥면에는 생각을 바꾸어서 좋은 결과를 얻게 된 경험을 그림을 그려 표현합니다.

도깨비와 개암

터널 책

터널 책은 좌우 양쪽에 병풍 책의 방식처럼 지그재그로 접은 2장의 책등을 붙인 후에 프레임을 차례로 붙여 터널처럼 보이도록 만든 책입니다. 무대 위의 공연을 보듯 입체감을 느낄 수 있도록 구성했습니다. 프레임에 디자인적 요소를 추가하여 개성 있는 책을 만들 수 있습니다.

속담
뿌린대로 거둔다.

사자성어
사필귀정(事必歸正, 일 사, 반드시 필, 돌아갈 귀, 바를 정)

무슨 일이든 결국 옳은 이치대로 돌아간다는 의미입니다. 다른 사람에 대한 배려심이 많은 까닭에 손해를 보며 사는 것 같지만, 결국 기회를 얻어 성공하게 되고, 욕심 많은 사람은 벌을 받게 된다는 교훈을 담고 있습니다.

생각나누기

Q 착한 동생이 개암을 주운 **이유**는 무엇일까요?

Q 도깨비가 개암을 깨무는 소리에 놀라 도망친 **이유**는 무엇일까요?

Q 동생이 도깨비 방망이로 주문을 외우자 **어떻게** 되었나요?

Q 동생의 말을 듣고 빈집으로 간 형은 **어떻게** 되었나요?

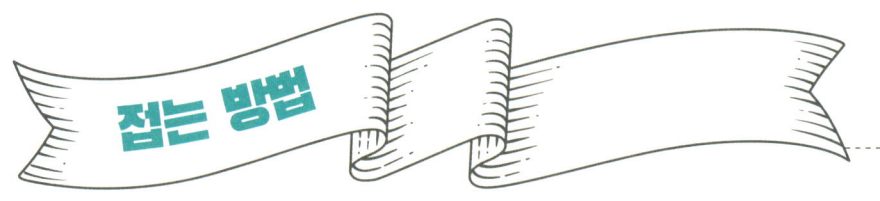

접는 방법

준비물

색지(39cm×27cm) 1장, 다른 색상의 색지 1장(39cm×27cm), 양면테이프, 가위, 칼, 사인펜, 색연필

❶ 노란색 색지(39cm×27cm)를 4등분으로 접습니다.

❷ 4등분으로 자른 후, 3개의 색지는 2cm의 테두리를 남기고 가운데를 오려내 창문 색지를 만듭니다.

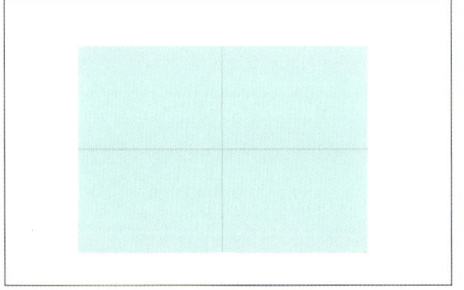

❸ 연하늘색의 색지(39cm×27cm)를 4등분이 되도록 접습니다.

❹ 4장 중 2장만 준비합니다.(1장의 종이 크기 19.5cm×13.5cm)

❺ 2장의 종이를 지그재그 모양으로 각각 8등분이 되도록 접습니다.

❻ 노란색 색지 중 가운데를 오리지 않은 색지를 준비해 양쪽 끝에 양면테이프를 붙입니다.

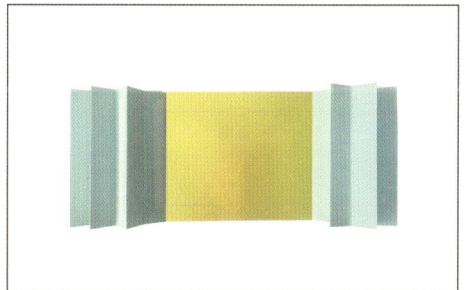

❼ 지그재그로 접은 연하늘색 색지를 노란색 색지 양쪽에 붙이고, 종이 사이사이에 창문 종이를 붙입니다.

❽ 완성된 모습입니다.

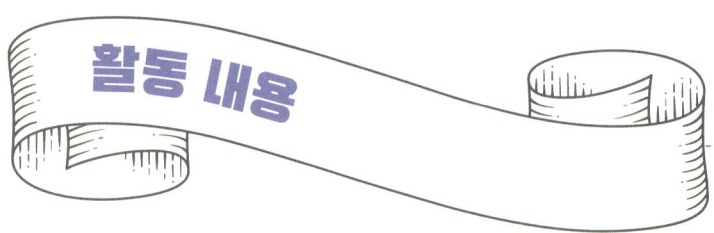

활동 내용

❶ 창문 색지 3장을 만들고 남은 1장의 색지(19.5cm×13.5cm)를 준비해 창틀을 제외한 부분을 1/2로 나눕니다.

❷ 《도깨비와 개암》을 읽고 교훈을 얻은 장면을 그림으로 표현해 보세요. 개암을 줍는 착한 동생의 모습입니다.

❸ 개암 소리에 놀란 도깨비들이 두고 간 보물들을 집으로 가져와 부자가 된 착한 동생의 모습입니다.

❹ 그림 사이와 창문틀에 사자성어 '사필귀정(事必歸正)'과 속담 '뿌린대로 거둔다'를 적고 완성합니다.

전래동화 13
콩쥐 팥쥐

논방식 책

포스트 접지 책이라고도 합니다. 종이 한 장을 두 번 접어 4면으로 만든 후에 가운데 2개 면을 상, 하, 좌, 우의 여백을 두고 잘라 창문을 만들어 완성합니다. 창문 안쪽에는 주제와 관련된 그림을 그리고, 좌우면과 창틀을 활용해 내용을 정리합니다. 기본책 안에 논방식 책을 넣어 부족한 면을 보완하였습니다.

속담
죄는 지은 데로 가고 덕은 닦은 데로 간다.

 ### 사자성어
권선징악 (勸善懲惡, 권할 권, 착할 선, 징계할 징, 악할 악)

착한 일을 권장하고 악한 일을 벌한다는 의미입니다. 전래동화 대부분의 이야기는 착한 주인공이 행복한 결말을 맞이하고, 악당들은 벌을 받게 되는 '권선징악(勸善懲惡)'의 내용을 주제로 합니다.

 ### 생각나누기

Q 새엄마는 **왜** 콩쥐를 못살게 굴었나요?

Q 어려움에 처한 콩쥐를 동물들이 **어떻게** 도왔나요?

Q 콩쥐와 원님은 **어떻게** 다시 만날 수 있게 되었나요?

Q 새엄마와 팥쥐는 **어떻게** 되었나요?

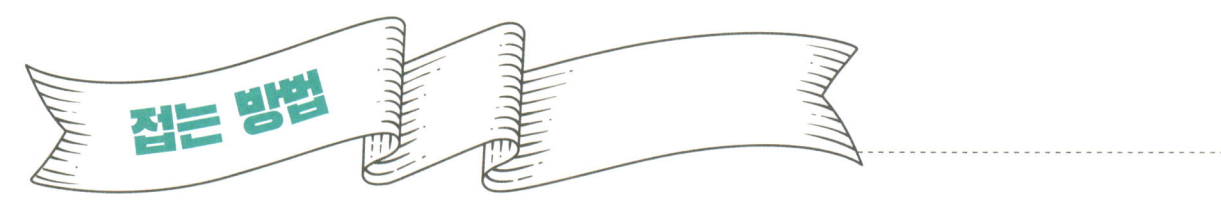

접는 방법

준비물

색지 1장(54cm×39cm, 기본책), 다른 색 색지 1장(26.8cm×19.5cm), 양면테이프(딱풀), 칼, 사인펜, 색연필

❶ 기본책을 준비합니다.

❷ 다른 색 색지(26.8cm×19.5cm) 1장을 준비합니다.

❸ 색지를 1/2로 접습니다.

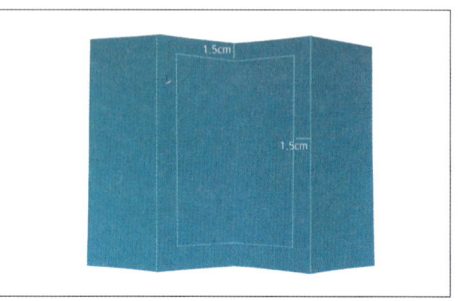

❹ 다시 1/2을 접어 4면을 만듭니다. 가운데 2개 면은 상, 하, 좌, 우 1.5cm의 창틀을 연필로 표시합니다.

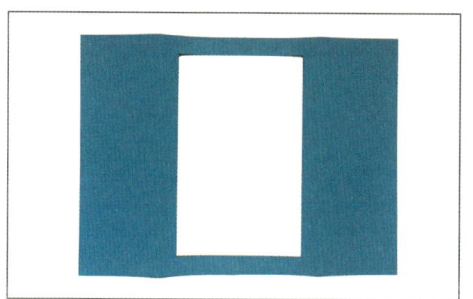

❺ 연필로 표시한 부분을 잘라냅니다.

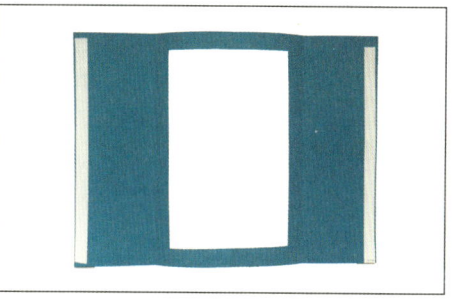

❻ 좌우 양쪽 끝부분에 양면테이프를 붙입니다.

❼ 기본책을 접었을 때 2, 3번째 면의 프레임이 앞으로 튀어 나오도록 1/2로 접습니다.

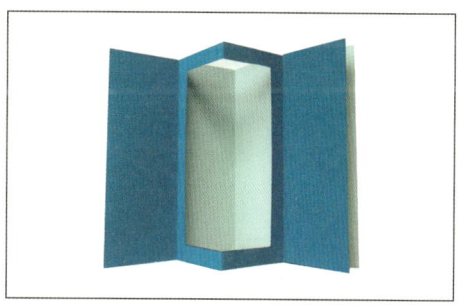

❽ 기본책을 180도로 펼친 후에 프레임 색지의 좌우 양쪽 끝을 맞춰 양면테이프를 떼어낸 후 붙여 완성합니다.

활동 내용

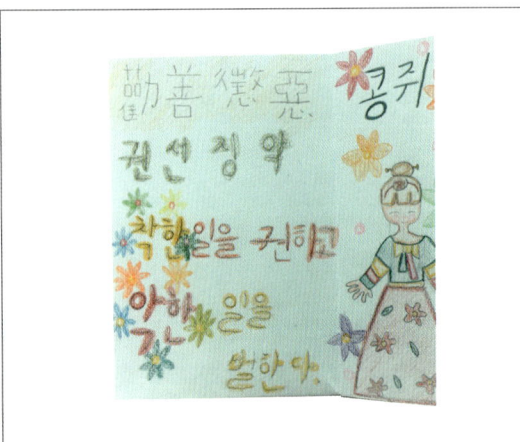

❶ 1페이지에 사자성어 '권선징악(勸善懲惡)'과 속담 '착한 일을 권하고 악한 일을 벌한다'를 적습니다.

❷ 2페이지에 《콩쥐팥쥐》에서 '권선징악(勸善懲惡)'의 교훈을 알려주는 장면을 그림으로 그려보세요.

❸ 가운데에는 사자성어와 속담의 내용과 관련된 그림을 그립니다.

❹ 평소 내가 다른 사람에게 착한 일을 권하고 양보한 사례를 그림으로 표현해 보세요.

누렁소와 검정소

V 폴드 책

V 폴드 책은 2면 접기 책을 180도로 펼쳤을 때, V자로 접어 놓은 팝업 조형물이 튀어나오도록 만든 책입니다. 책의 주인공이나 주제가 되는 글과 그림을 팝업 형태로 세우면 보다 효과적입니다. 《누렁소와 검정소》에서는 두 마리의 소를 세워 놓고, 농부와 선비의 대화 내용을 담아 교훈을 전달하도록 구성하였습니다.

속담

자식을 길러 봐야만 부모의 사랑을 안다.

 사자성어

역지사지 (易地思之, 바꿀 역, 땅 지, 생각할 사, 갈 지)

상대방의 입장에서 생각하라는 의미입니다. 다른 사람에 대해 함부로 말하거나, 생각하기 전에 상대방이 처한 사정이나 형편을 자신의 입장으로 바꾸어 생각해보자는 말입니다.

 생각나누기

Q 선비가 누렁소와 검정소를 보고 궁금해한 것은 **무엇**일까요?

Q 농부가 선비에게 귓속말을 한 이유는 **무엇**일까요?

Q 선비가 농부의 행동을 보며 깨달은 것은 **무엇**일까요?

Q 당신이 농부라면 선비에게 **어떻게** 했을까요?

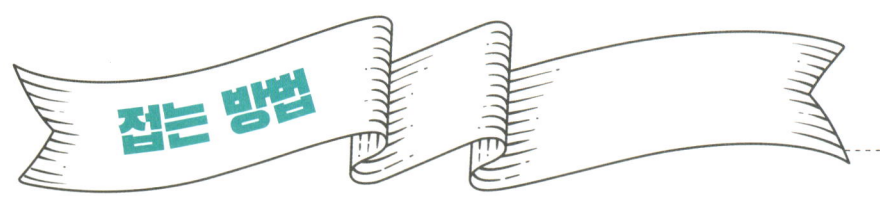

접는 방법

준비물

색지 1장(39cm×27cm, 표지용), 다른 색 색지 1장(39cm×27cm, 내지용), 색지 2장 (27cm×9.5cm), 색지(30cm×22cm 누렁소 검정소용), 양면테이프(딱풀), 가위, 색연필

❶ 색지(30cm×22cm)를 1/2로 접습니다.

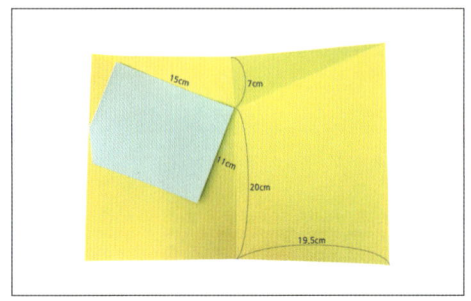

❷ 2등분 한 종이(15cm×11cm)를 V자로 접은 선에 맞추고, 삐져 나온 부분은 잘라냅니다.

❸ 색지를 붙일 위치에 양면테이프를 붙입니다.

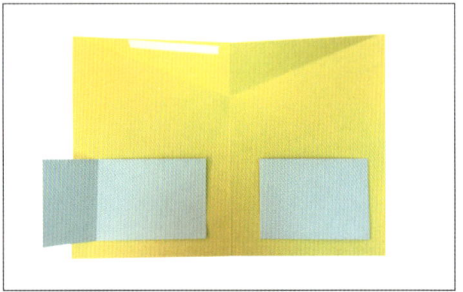

❹ 좌우 하단에 색지(27cm×9.5cm)를 반으로 접어 바깥쪽으로 열어 젖힐 수 있도록 붙입니다.

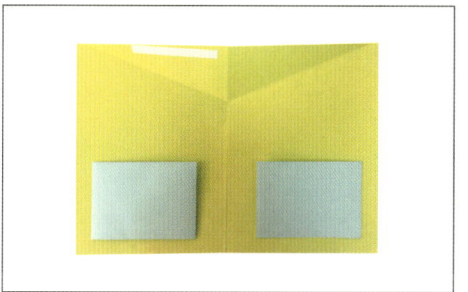

❺ 하단에 종이를 붙인 후, 준비해 놓은 색지(15cm×11cm)에 각각 누렁소와 검정소를 그립니다.

❻ 테두리를 둥그렇게 잘라내어 완성합니다.

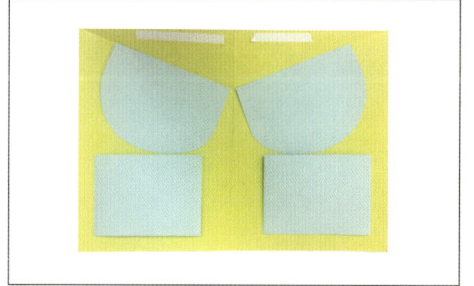

❼ V자로 접은 선에 맞춰 누렁소와 검정소 색지를 붙여 완성합니다.

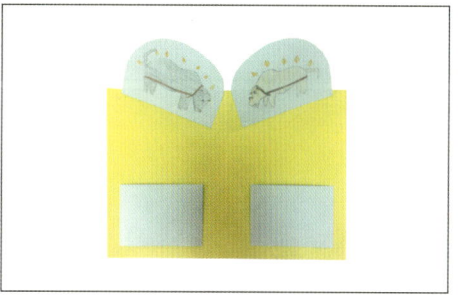

❽ 책을 180도로 펼쳤을 때, V자로 누렁소와 검정소 조형물이 튀어나오는지 확인합니다.

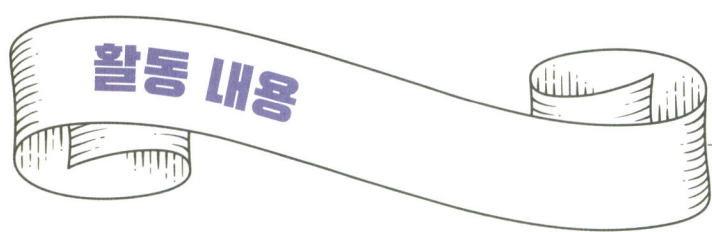

활동 내용

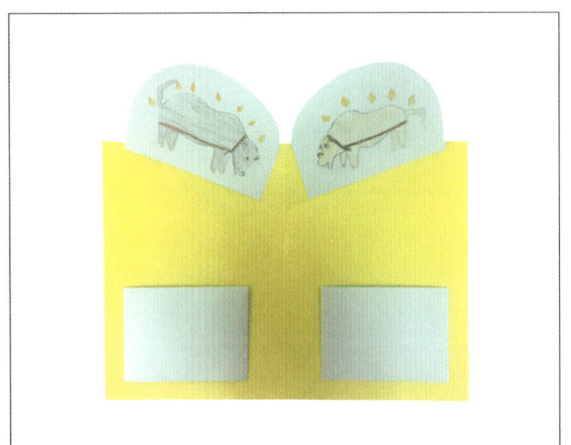

❶ 책을 180도로 펼쳤을 때, V자로 접어 놓은 팝업 조형물 색지에 누렁소와 검정소를 그립니다.

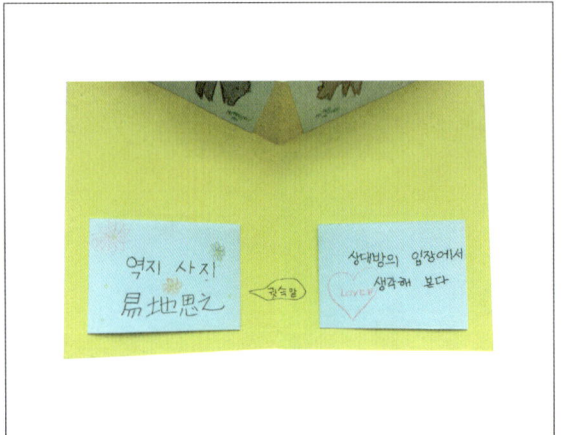

❷ 왼쪽 문에 사자성어 '역지사지(易地思之)'를 적고, 오른쪽 문에 속담 '상대방의 입장에서 생각해 보다'를 적습니다.

❸ 왼쪽 문에 선비의 질문 '누렁소와 검정소 중에 어떤 소가 일을 더 잘하나요?' 를 적습니다.

❹ 오른쪽 문에 이야기 속의 선비가 어떻게 대답을 했는지 적습니다. 그리고 여러분이라면 어떻게 말했을지 적어보세요.

전래동화 15 토끼와 거북이

휴지심 책

휴지심 책은 두루마리 휴지심에 색지를 붙여 만든 책입니다. 양끝에 축을 달아 가로로 펴서 볼 수 있는 두루마리처럼 휴지심이 축의 역할을 합니다. 《토끼와 거북이》에서는 휴지심을 토끼와 거북이의 몸통처럼 사용하였고, 색지를 늘려가며 글을 쓰고 그림을 그렸습니다. 휴지심 책은 벽에 세로로 걸 수 있는 족자처럼 만들 수도 있습니다.

속담
거짓말은 십리를 못 간다.

사자성어
토진간담 (吐盡肝膽 토할 토, 다할 진, 간 간, 쓸개 담)

간과 쓸개를 다 토한다는 뜻으로 속이는 것 없이 사실 그대로를 말한다는 의미입니다. 남을 일시적으로 속일 수는 있지만 진실은 머지않아 밝혀지겠지요.

생각나누기

Q 용왕님은 병이 낫기 위해 **무엇**을 먹어야 했나요?

Q 거북이는 토끼를 용궁으로 데려가기 위해 **어떤** 거짓말을 했나요?

Q 토끼는 용궁에서 **어떻게** 도망칠 수 있었나요?

Q 토끼와 거북이를 읽고 거짓말을 하는 것이 **왜** 나쁜 일인지 생각해보세요.

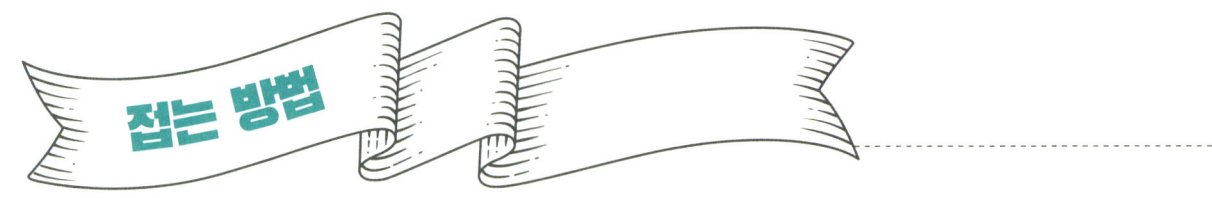

접는 방법

준비물

휴지심 2개, 다른 색 색지 2장(40cm×10cm), 토끼 귀(1.8cm×6.5cm), 양면테이프(딱풀), 가위, 사인펜, 색연필

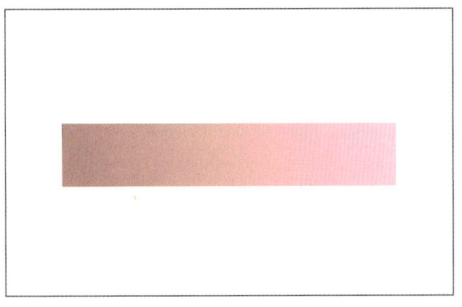

❶ 색지 1장(40cm×10cm)을 준비합니다. 가로는 색지를 이어 붙여 원하는 만큼 늘릴 수 있습니다.

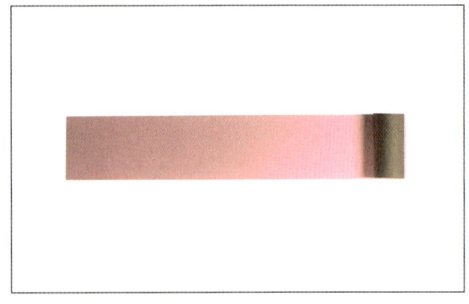

❷ 색지 끝에 휴지심을 붙입니다.

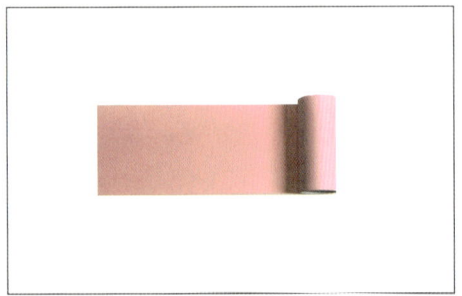

❸ 색지를 말아 휴지심 전체를 감쌉니다.

❹ 색지를 완전히 말기 전에 토끼 귀 색지(1.8cm×6.5cm)가 정면으로 오도록 붙입니다.

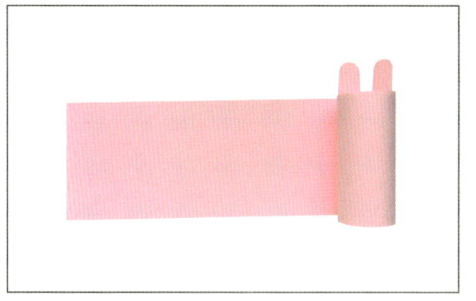

❺ 휴지심에 색지와 토끼 귀를 붙인 모습입니다.

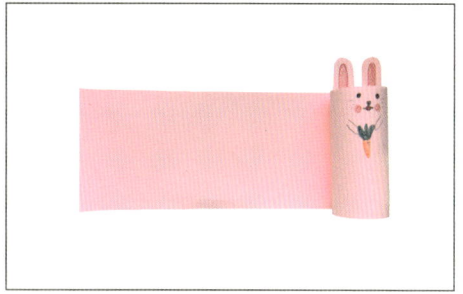

❻ 토끼 귀를 꾸미고 휴지심에 토끼 얼굴과 몸통을 그립니다.

❼ 같은 방법으로 다른 색지를 이용해 거북이의 몸통(등껍질)을 만듭니다.

❽ 완성된 토끼와 거북이 휴지심 책입니다.

활동 내용

❶ 휴지심 책 2개를 준비해 토끼와 거북이를 만듭니다.

❷ 토끼 휴지심 책에 사자성어 '토진간담(吐盡肝膽)'의 뜻과 속담 '거짓말은 십리를 못 간다'를 적습니다.

❸ 거북 휴지심 책에 '여러분이 토끼라면 어떻게 했을까?'를 상상하며 그림을 그립니다.

❹ 완성된 휴지심 책입니다. 반대편에 구멍을 내고 끈을 달아 둘둘 말아 묶은 후 세워놓거나, 반대편 끝에 휴지심을 하나 더 넣어 펼친 후 장식하는 방법이 있습니다.

3

북아트
응용 및 도안

01 도형 모양 책 만들기

- 직사각형 책
- 정육면체 책
- 정사각형 책
- 삼각형 책
- 원형 책

02 병풍 책 만들기

- 주머니 폴드 책
- 아코디언 끼우기 책
- 위인 병풍 책

03 도안

- 《해님 달님》지붕 도안
- 《호랑이와 곶감》외양간 도안
- 《요술 항아리》항아리 도안
- 《은혜 갚은 호랑이》호랑이 도안

도형 모양 책 만들기

도형 1 직사각형 책

주변에서 흔히 볼 수 있는 책(코덱스)의 형태입니다. 《전래동화 북아트 만들기》에서 기본이 되는 책으로, 내지에 다양한 북아트 효과를 주어 만든 이의 개성이 담긴 책을 만들 수 있습니다.

접는 방법

❶ 4절 색지(54cm×39cm)를 준비합니다.

❷ 8등분이 되도록 접습니다.

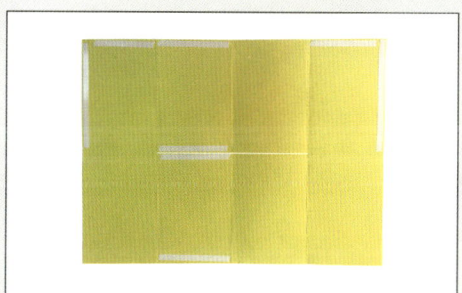

❸ 사진처럼 양면테이프를 붙이고 가운데 흰색 부분을 칼로 자릅니다.

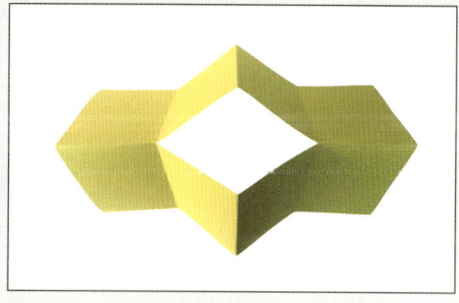

❹ 자른 면을 십자 모양으로 벌립니다.

❺ 양면테이프를 떼어내면서 8면이 되도록 접습니다.

❻ 표지에 보드지를 붙여 책을 완성합니다.

도형 2 정육면체 책

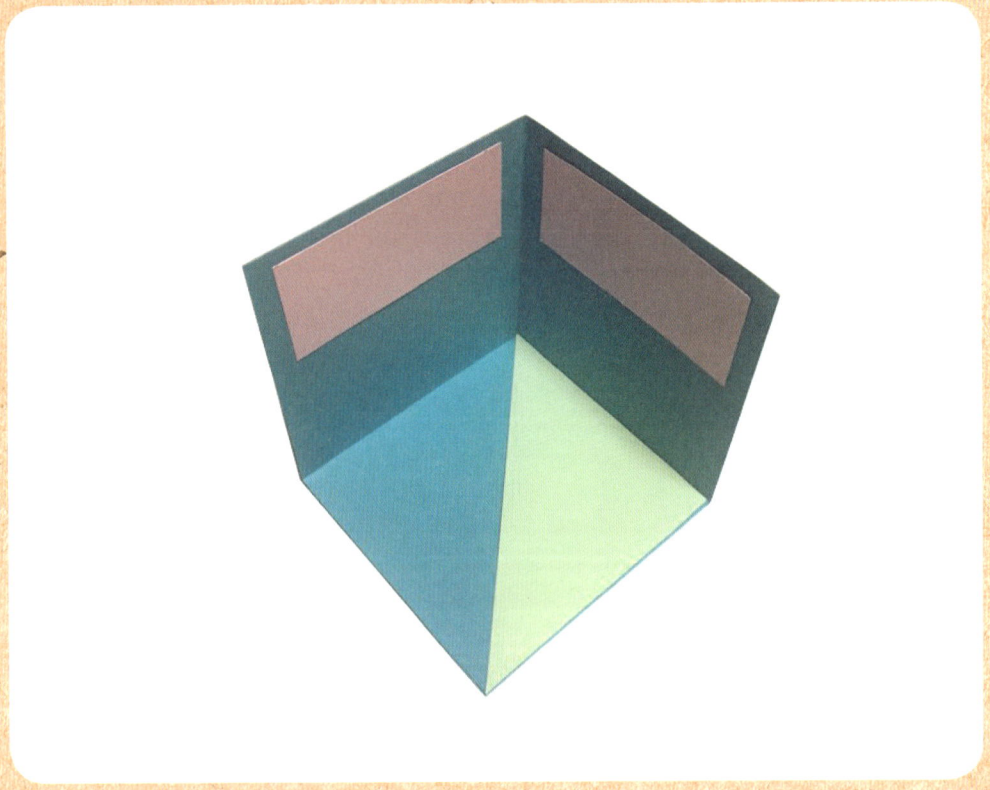

삼면 책이라고도 부릅니다. 종이 두 장을 위 아래로 붙이면 정육면체 모양이 됩니다. 정사각형 종이를 두 번 반으로 접은 후, 펼쳐서 아랫면 가운데를 잘라 붙여 세 개의 면이 보이도록 만든 책입니다. 구조는 간단하지만 좌우면과 바닥면을 활용해 다양한 용도로 활용할 수 있습니다.

❶ 정사각형 색지를 준비합니다.

❷ 반을 접습니다.

❸ 반대편으로 반을 한 번 더 접은 후에 아래면 가운데를 가위로 자릅니다.

❹ 아래면을 서로 붙이기 위해 양면테이프를 붙입니다.

❺ 아래면을 중첩되도록 붙여 완성합니다. 글을 쓰고 그림을 그린 후에 붙여주세요. 미리 붙이면 글을 쓰기가 힘듭니다.

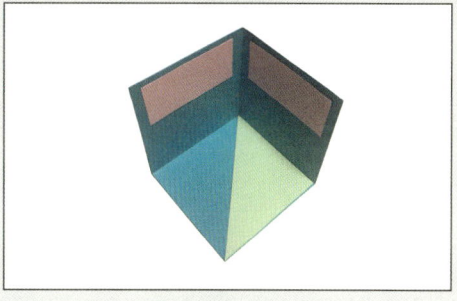

❻ 인물이나 작품을 비교할 때 사용해 보세요. 여러 개를 이어 붙이면 전시장처럼 꾸밀 수 있습니다.

정사각형 책

도형 3

도형 모양 책 만들기

정사각형 종이를 두 번 반으로 접고, 대각선으로 한 번 더 접어 사각형 모양으로 만든 책입니다. 여러 개를 이어 붙여 페이지를 늘릴 수 있습니다.

❶ 정사각형 색지를 준비합니다.

❷ 반을 접습니다.

❸ 한번 더 반을 접고 펼친 후에 대각선으로 반을 접습니다.

❹ 대각선으로 접은 선을 안으로 밀어 넣어 사각형의 형태로 완성합니다.

❺ 네모 책을 펼친 모습입니다.

❻ 완성된 네모 책을 여러 개 붙여 페이지를 늘릴 수 있습니다.

도형 4 삼각형 책

정사각형 종이를 한 번 반으로 접고 대각선으로 두 번 더 접어 삼각형 모양으로 만든 책입니다. 여러 개를 이어 붙여 페이지를 늘릴 수 있습니다.

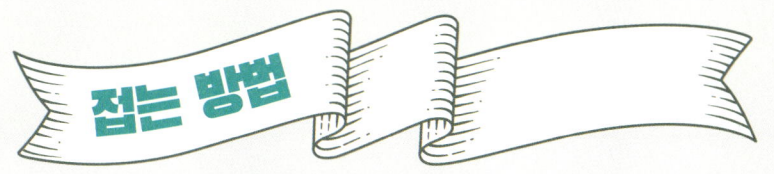
접는 방법

❶ 정사각형 색지를 준비합니다.

❷ 대각선으로 두 번 접습니다.

❸ 수평이 되도록 반을 접습니다.

❹ 수평이 되도록 접은 선을 안으로 밀어 넣어 삼각형 형태로 완성합니다.

❺ 같은 방법으로 2개를 더 만듭니다.

❻ 3개를 붙여 책을 완성합니다.

도형 5 원형 책

원형(피자) 책은 원형 종이를 여러 장 만든 후 한 장은 피자 바닥 도우로, 나머지는 피자 조각으로 만들어 붙여 피자 모양으로 만든 책입니다. 원형 종이를 두 번 접으면 1/4 조각, 세 번 접으면 1/8 조각 모양의 피자 책이 만들어집니다.

접는 방법

❶ 컴퍼스를 이용해 원형 종이를 만듭니다.(지름-바닥용 10cm 1장, 조각용 9cm 8장)

❷ 원형 종이를 두 번 반으로 접어 1/4 크기로 접습니다.

❸ 바닥용 도우 위에 접은 원형 종이를 하나씩 붙입니다.

❹ 4개를 붙인 모습입니다.

❺ 원형 종이를 세 번 접어 1/8 크기로 만들면 8조각으로 만들 수도 있습니다.

❻ 피자 조각에 글을 쓰고 그림을 그려 완성합니다.

응용 1 주머니 폴드 책

종이 한 장을 지그재그로 접은 후 아래 부분의 1/3 정도를 접어 올려 주머니를 만들면 색다른 책을 연출할 수 있습니다.

접는 방법

❶ 직사각형 색지를 준비합니다.

❷ 아래 1/3만큼 접습니다.

❸ 4등분이 되도록 직사각형 색지를 접습니다.

❹ 주머니에 넣을 다른 색 색지 4장을 준비합니다. 주머니에 넣으려면 4등분으로 접은 면의 폭보다는 좁아야 합니다.

❺ 끈을 끼워 묶을 수 있도록 색지의 위쪽 중앙에 구멍을 뚫습니다.

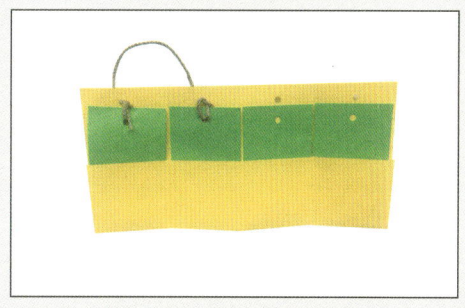

❻ 2개씩 묶어 2세트를 완성한 후 1/4이 되도록 접어 표지를 완성합니다.

응용 2 아코디언끼우기책

아코디언 책의 가운데를 오려낸 후 그 자리에 6면의 지그재그 종이를 끼워 입체감을 준 책입니다. 6면의 지그재그 종이를 바꾸어 끼우면 다양한 색감을 연출할 수 있습니다.

❶ 서로 다른 색지 4종류를 준비합니다. 녹두색(42cm×14.9cm), 파란색(42cm×18.5cm)

❷ 연두색 색지(8.5cm×18cm), 노란색 색지(9.5cm×18.5cm)

❸ 아코디언 책의 속지로 사용할 녹두색 색지를 8등분 되도록 지그재그 모양으로 접습니다.

❹ 양 끝 중 한쪽의 2등분을 잘라냅니다.

❺ 속지에 내용을 채웁니다.

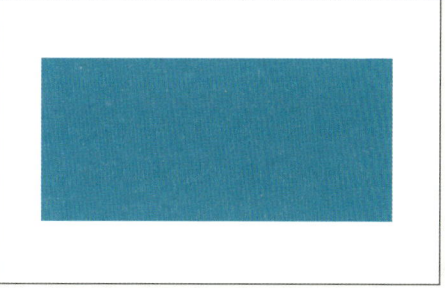

❻ 표지로 만들 파란색 색지를 준비합니다.

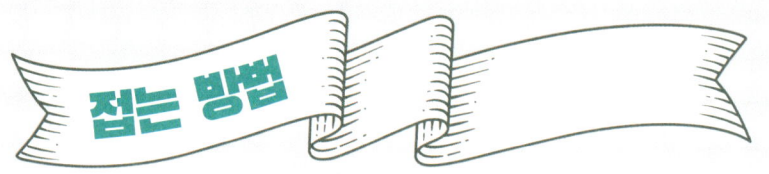

접는 방법

❼ 8등분이 되도록 색지를 지그재그로 접습니다.

❽ 녹두색 색지를 끼울 공간을 만들기 위해 앞장(1면)과 뒷장(8면)을 뒤로 넘깁니다.

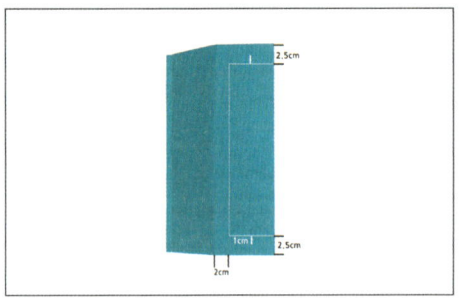

❾ 잘라 낼 가운데 부분을 연필로 표시합니다.

❿ 표시한 부분을 잘라 냅니다.

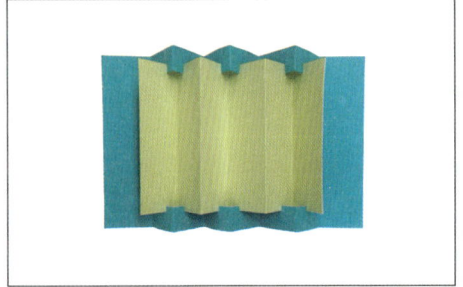

⓫ 지그재그로 만들어 놓은 속지를 표지와 엇갈리게 끼워 넣습니다.

⓬ 남은 연두색 색지로 안쪽을 덧대어 책을 마무리합니다.

위인 병풍 책

응용 3 · 병풍 책 만들기

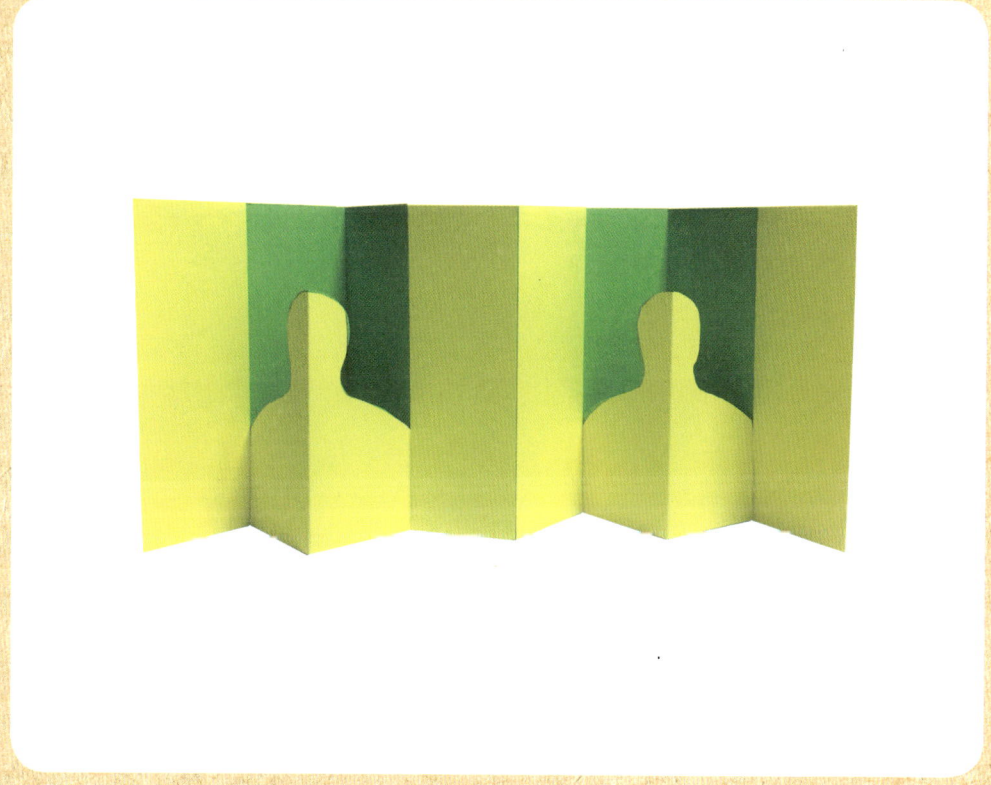

병풍 책은 지그재그로 접힌 부분을 펼쳐 내용이 한눈에 들어오도록 전시할 수 있습니다. 위인 병풍 책은 지그재그로 접힌 부분의 일부를 인물 모양으로 컷팅하여 위인 두 명을 그린 후 좌우 여백을 활용해 설명을 적을 수 있도록 구성하였습니다.

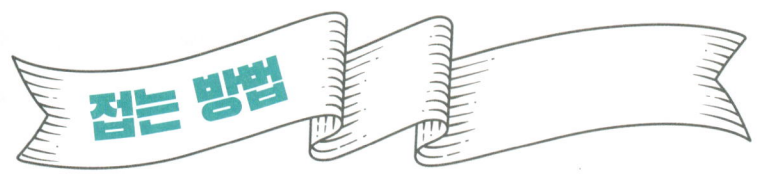

접는 방법

❶ 4절지를 가로로 반을 접은 후에 세로로 8등분이 되도록 접습니다.

❷ 하단 2, 3번째와 6, 7번째 면에 인물의 밑그림을 그립니다.

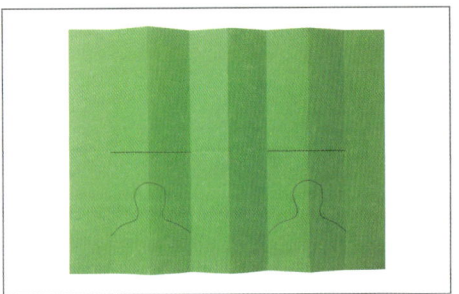

❸ 2, 3번째와 6, 7번째의 가운데를 자릅니다.

❹ 인물 밑그림 위의 여백을 오려 내고 양쪽 모서리에 양면테이프를 붙입니다.

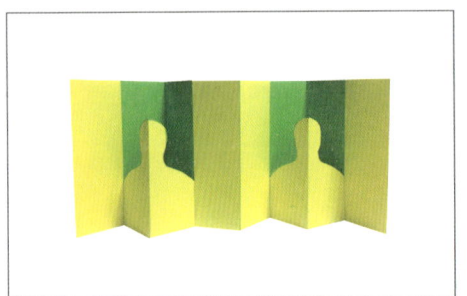

❺ 반을 접어 인물 부분을 앞으로 튀어나오도록 한 후에 양면테이프를 떼어내 고정합니다.

❻ 책의 앞 표지를 꾸밉니다.

도안

《해님 달님》 지붕 도안

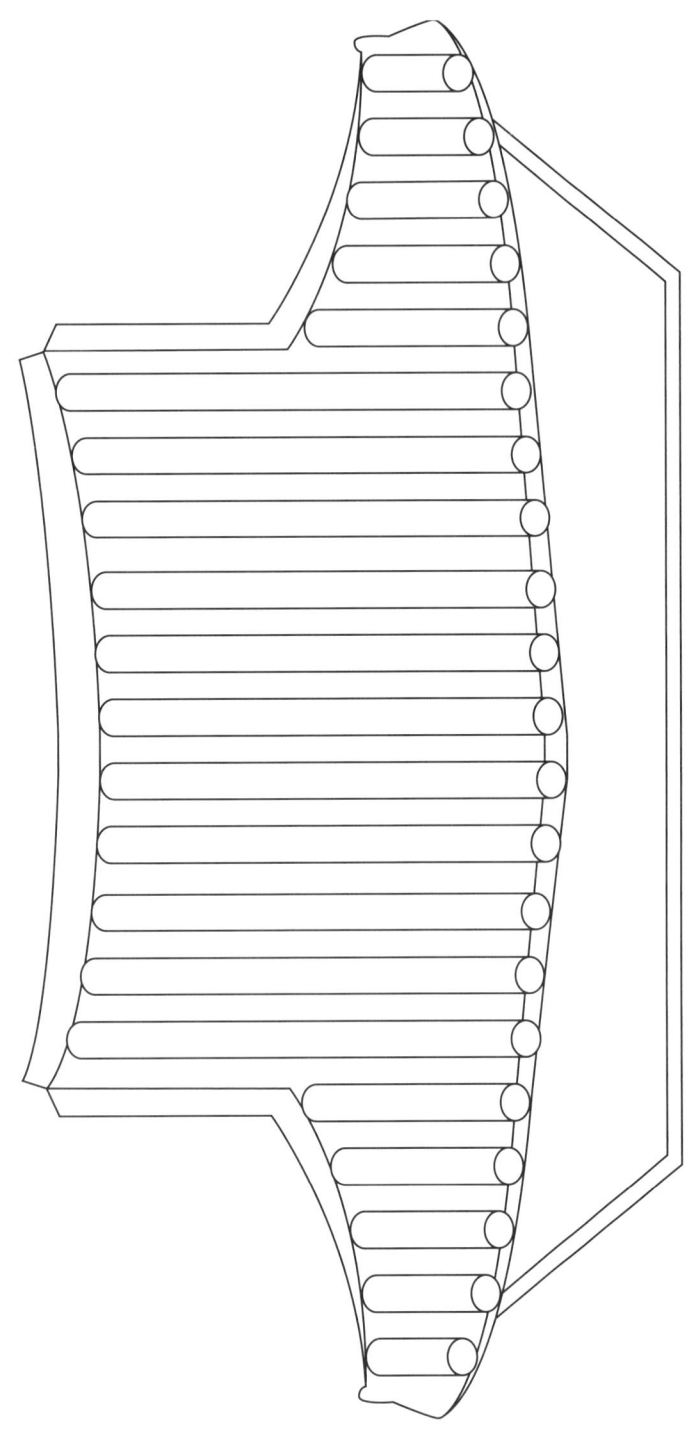

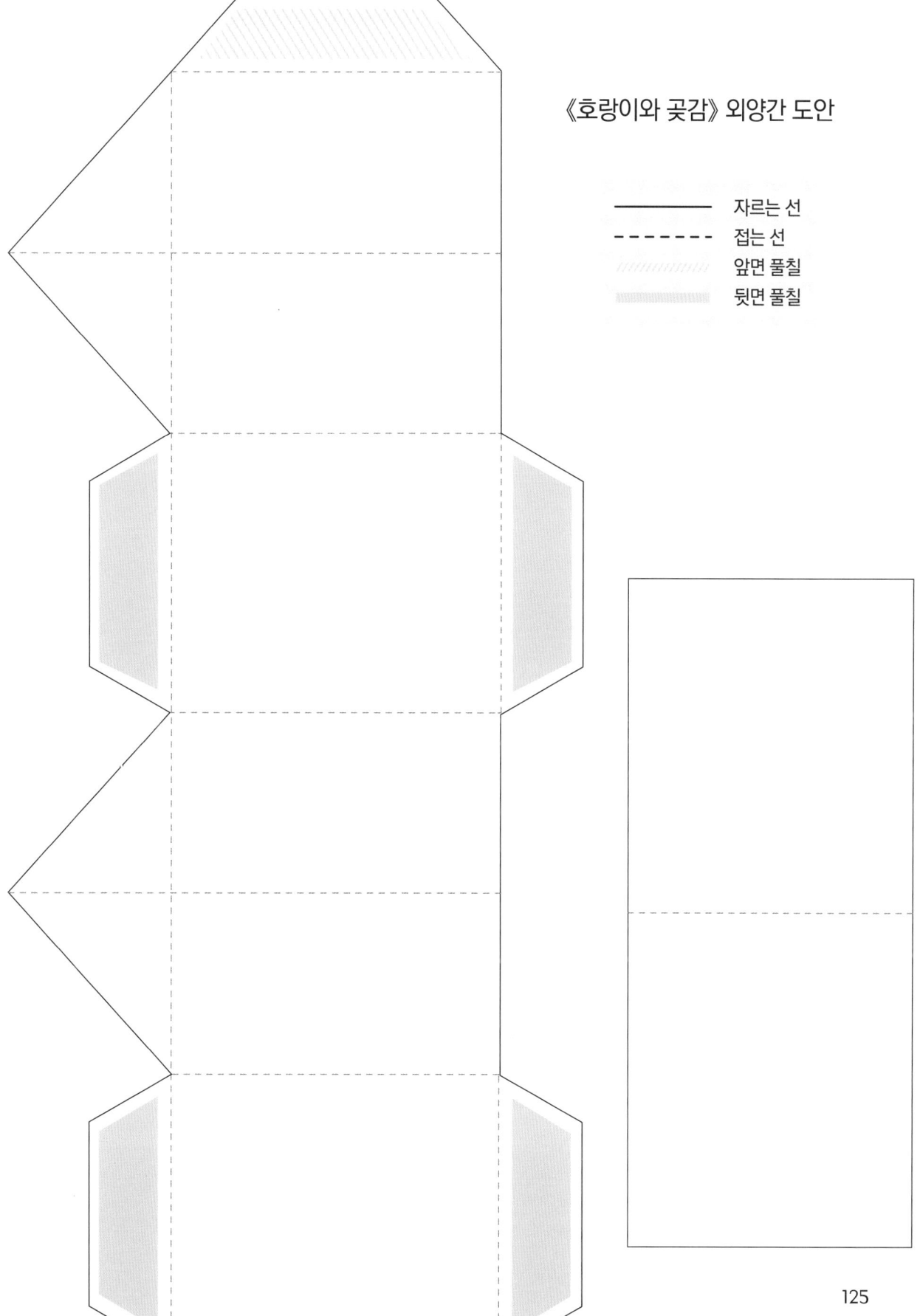

《요술 항아리》 항아리 도안

――――― 자르는 선
- - - - - 접는 선
앞면 풀칠
뒷면 풀칠

《으웨 갸근 호랑이》 호랑이 도안

127

전래동화 북아트 만들기
만들며 배우는 속담과 사자성어

초판 1쇄 발행 2020년 03월 03일
초판 3쇄 발행 2023년 11월 22일

지은이 | 성 훈
펴낸곳 | 훈스토리북

그 림 | 성채원
디자인 | 이보람
교 정 | 강현아

등 록 | 제2021-000105호(2016년 4월 27일)
주 소 | 서울특별시 서초구 서초대로46길 99 4층
팩 스 | 050-7077-3463
이메일 | hoonstorycom@naver.com

ⓒ 성 훈, 2020

ISBN 979-11-958600-8-1(73650)

· 저작권법에 의해 보호를 받는 저작물이므로 무단전재와 복제를 금합니다.
· 이 책의 일부 또는 전부를 이용하려면 저작권자와 훈스토리북의 서면 동의를 받아야 합니다.
· 책값은 뒤표지에 있습니다. 잘못 만들어진 책은 구입하신 서점에서 바꾸어 드립니다.

 종이에 손을 베지 않도록 주의하세요.
책 모서리에 다칠 수 있으니 책을 던지지 마세요.